中国现代贵金属币市场分析报告

(2018 年)

ANALYSIS REPORT OF THE MARKET
FOR CONTEMPORARY PRECIOUS METAL COINS
IN CHINA (2018)

赵燕生 编著

中国财经出版传媒集团
中国财政经济出版社

图书在版编目（CIP）数据

中国现代贵金属币市场分析报告. 2018 年／赵燕生编著. —北京：中国财政经济出版社，2019.5

ISBN 978 – 7 – 5095 – 8940 – 3

Ⅰ. ①中… Ⅱ. ①赵… Ⅲ. ①金属货币 – 市场分析 – 研究报告 – 中国 – 2018 Ⅳ. ①F822.2

中国版本图书馆 CIP 数据核字（2019）第 060487 号

责任编辑：贾延平　张　莹　　责任校对：张　凡
封面设计：陈宇琰

中国财政经济出版社 出版

URL：http://www.cfeph.cn
E – mail：cfeph@cfeph.cn

（版权所有　翻印必究）

社址：北京市海淀区阜成路甲 28 号　邮政编码：100142
营销中心电话：010 – 88191537
北京时捷印刷有限公司印刷　各地新华书店经销
787×1092 毫米　16 开　12.75 印张　160 000 字
2019 年 5 月第 1 版　2019 年 5 月北京第 1 次印刷
定价：70.00 元
ISBN 978 – 7 – 5095 – 8940 – 3
（图书出现印装问题，本社负责调换）
本社质量投诉电话：010 – 88190744
打击盗版举报热线：010 – 88191661，QQ：2242791300

中国现代贵金属币市场分析报告（2018年）
编著团队

主　　编：赵燕生

专家顾问（按姓氏笔画为序）：

　　丁　峰　　王世宏　　王金龙　　阮　强

　　张荣华　　陈　永　　陈浩敏　　陈景林

　　姚之元　　盖祥震　　葛祖康

ANALYSIS REPORT OF THE MARKET
FOR CONTEMPORARY PRECIOUS METAL COINS
IN CHINA (2018)

前 言 / Preface

2018年是我国改革开放四十周年，也是我国现代贵金属币发行三十九周年。回顾我国金币市场走过的历程，它在改革开放的大潮中扬帆起航，既有市场繁荣的景象，也有市场低迷的场景；既有值得记载的发展成绩，也有需要总结的经验。在成绩与问题、困难与机遇、希望与挑战面前，我国金币市场如何继续紧随国家发展的步伐不断前行，已经成为摆在全体市场参与者面前既重要又现实的问题。

改革创新基点

我国金币市场的发展必须继续走改革创新之路。改革创新的基点首先要厘清我国现代贵金属币的基本属性和市场定位，构建市场长期健康稳定发展的基本条件，同时明确判断市场质量优劣的标准。

我国现代贵金属币的基本属性是：以货币形式出现，以贵金属为载体，用于收藏投资消费的工艺或艺术类商品，不具备现代信用货币的流通职能。这种商品与其他商品的根本区别是由政府面对公众垄断发行，在经济上属政府行政资源类商品，同时具有非刚性需求特征。

我国的现代贵金属币作为一种商品在市场中流通必须具备价值、群体和市场这三大条件。首先，要拥有市场价值优势，这种市场价值优势由文化艺术价值和投资价值共同构成。其次，要有一定群体，这个群体由以资金为依托的经营者和收藏投资消费者构成。最后，还要具备与发展相适应的市场机制和市场架构。以上三大条件相互支撑和依托，缺一不可。

判断我国金币市场质量的标准应该包括：商品的题材设计和铸造质量如何；发售方式是否公开、公平、公正；交易渠道是否畅通；交易方式是否多样；市场信息是否公开透明；利益关系是否合理；金融支撑是否到位和价值重心是否平衡。以上评价内容集中到一点，不仅要依靠群体或资金用参与市场的实际行动投票，而且要用市场的认同度进行衡量。这是评价我国金币市场质量优劣的唯一标准。

改革创新靶向

我国金币市场的改革创新必须以问题为导向，逐步解决影响市场发展的一些重大问题。

目前，在整个艺术收藏品市场中，我国的金币市场仍然属于小众范畴。从现代贵金属币的基本属性和市场定位出发，如何扬长避短和发挥优势，努力提升社会关注度和吸引更多的社会群体参与，已经成为我国金币市场要面对的重要课题。

努力提升社会关注度就需要解决四个方面的问题：第一，在供给侧的顶层设计方面，由于政府行政权力的企业化运作模式，在利益驱动下造成了国有专营企业与需求侧的一些矛盾和冲突，商品的文化艺术价值还有很大的提升空间，商品零售价的定价机制缺乏有效的行政监管，同时商品在发售中仍存在缺陷。第二，在市场参与者之间的利益关系方面，虽然资本对发展市场起到一定正向作用，但由于资本的逐利本性也引发了不少市场乱象，对市场发展也有一定杀伤力，有些资本严重侵害了其他市场参与者的经济利益，给长期稳定的市场需求造成不小伤害。第三，在现代贵金属币文化艺术价值与收藏投资价值的关系方面，目前市场的价值重心严重地偏向投资价值，对关注文化艺术价值的宣传引导不够，造成稳定的收藏群体发展缓慢，同时引发市场价格的较大波动。第四，在群体或资金方面，虽然我国金币市场的总规模与其他艺术品相比不算大，但是毕竟也有接近 1 400 亿元的体量，在促进市场平稳发展方面，较小的资金已经无能为力。目前，由于我国金币市场在信息质量、价值评估、流通渠道和退出机制上仍存在短板，引入更大的资金存在一定障碍，已经形成"小钱玩不动，大钱没进来"的尴尬局面，给市场的发展壮大造成拉拽和掣肘。

改革创新路径

针对我国金币市场存在的问题和短板，改革创新的路径必须以现代贵金属币的基本属性为出发点，以市场规律为基础，以利益均衡为抓手，努力改善市场生态环境，大幅提高现代贵金属币的市场价值比较优势。

我国金币市场的改革创新首先要从顶层设计开始，主要包括以广大收藏投资消费群体利益为核心的指导思想的改革创新；以大力发展投资金币、大力压缩纪念币发行规模为发展战略的改革创新；按照法律规定对垄断经营企业的一级市场定价机制实行有效监管的改革创新；对于政府行政资源类商品在一级市场发售环节必须实行"三公"原则的改革创新。所有这些改革创新集中到一点就是要坚守国家发行现代贵金属币的根本目的，落实藏金于民的重大战略，兑现为收藏投资消费群体服务的根本宗旨，发挥钱币文化的社会文化功能。

我国金币市场顶层设计和一级市场的改革创新不易，二级市场的改革创新就更加艰难。发展二级市场主要应该依靠市场机制和手段，充分调动市场参与者的积极性和创造性。我国金币市场二级市场的改革创新有很多工作要做，其中主要包括五个方面。

一是要努力引导和逐步实现市场参与者的利益平衡，要逐步建立一种市场机制，既要积极发挥各种资本的作用，也要建立举牌机制，有效遏制某些资本对市场的伤害。

二是要积极利用信息化技术，建设商品流通、价值转换和信息透明的高速公路，逐步形成更加高效和透明的商品流通环境。

三是要创造条件引入金币市场的金融支撑，构建科学有效的商品价值评估体系和流转体系，吸引市场平衡资金、私募基金、展览基金、财富信托基金和各种金融服务进入金币市场，实现金币市场与金融市场的有效融合。

四是要大力引导全面平衡的收藏投资理念，积极宣传钱币文化的真正内涵，遏制过度投机和炒作，稳步扩大收藏群体。

五是要采取措施建立有效的打假机制，遏制假冒伪劣商品对市场健康发展的侵害。

当前市场形势

虽然2018年我国金币市场的整体价格走势继续处于调整之中，但是物极必反的规律已经开始逐步显现。2018年我国金币市场开始出现新变化。从供给侧方面看，管理层和国有专营企业已经开始认识到目前金币市场的严峻形势，顶层设计的改革创新已经有所动作。这些改革创新主要体现在我国金币市场的发展开始由低质量向高质量转型，纪念币发行增量开始下调，设计雕刻正在谋求创新，一级市场销售机制开始进行新的探索，熊猫金币开始在上海黄金交易所挂牌交易，售后服务机制开始建立。从二级市场方面看，网络交易和文化交流继续加速，各种联谊活动、大讲堂、讲座、论坛和展销活动继续发展，深入挖掘现代贵金属币文化艺术价值的正能量开始聚集，特别是民间期盼金币市场不断向好的积极力量已经开始发挥作用。所有这些积极因素都为我国金币市场今后的新发展和新变化奠定了一定基础。

2018年我国金币市场开始出现一些积极因素，同时也存在一些亟待解决的问题。主要反映在虽然新发纪念币的社会关注度有所提升，已经改变全局性跌破零售价的局面，但是这种上涨趋势仍然比较缓慢。一级市场零售体系顶层设计存在的一些瑕疵仍在发酵，市场参与者利益的不均衡问题仍然比较突出，激活发行存量的任务十分艰巨。我国金币市场目前的形势是多种因素造成的，因此也不可能在一夜之间"V"形反转，特别是改革创新将涉及多方面的利益关系调整，一定会遇到各种困难和阻力，恢复市场信心更不会一蹴而就。尽管我国金币市场的前行之路不会一帆风顺，但前途是光明的。只要坚持改革创新，扬长避短，发挥优势，我国金币市场一定会迎来更加美好的明天。

《中国现代贵金属币市场分析报告（2018年）》是继2013年出版《中国现代贵金属币市场分析报告（2012）》之后的年度连续性分析报告。这份报告继续沿用原有的理论框架、指标体系和运算系统，利用定量分析工具和分析系统提供的数据，以金币市场的改革创新为主题，从数据、分析和展望等角度出发，试探性研究2018年我国现代贵金属币市场的发展状况，为市场的科学健康有序发展服务。

在编著这份报告过程中，我们与国内有关知名专家进行了充分沟通，广泛吸收了他们的意见和建议，为完善本市场分析报告提供了支撑，在此向参加编著本市场分析报告的有关专家（按姓氏笔画为序）丁峰、王世宏、王金龙、阮强、张荣华、陈永、陈浩敏、陈景林、姚之元、盖祥震和葛祖康表示衷心感谢。

赵燕生

2019年2月于北京

ANALYSIS REPORT OF THE MARKET
FOR CONTEMPORARY PRECIOUS METAL COINS
IN CHINA (2018)

目 录 / Contents

第一部分　数　据　/1

第一章　2018 年大盘运行状况　/3

第一节　市场总体运行状况　/3
一、市场总体运行状况数据　/3
二、市场发展历史数据　/9

第二节　2018 年大盘发行增量运行状况　/13
一、投资币市场运行状况数据　/14
二、纪念币市场运行状况数据　/17
三、一级市场销售渠道及利益分配状况数据　/25
四、阳光工程实施情况　/27

第三节　2018 年大盘发行存量运行状况　/28
一、市场整体运行状况数据　/29
二、投资币与纪念币的运行状况数据　/32

第二章　市场其他经营活动运行状况　/41

第一节　钱币鉴定评级市场运行状况　/41
一、钱币鉴定评级市场运行状况数据　/41
二、现代贵金属币鉴定评级市场运行状况数据　/45

第二节　钱币拍卖市场运行状况　/49

一、拍卖市场运行状况数据 / 49

二、拍卖结构数据 / 50

第三节　国际金币市场和国际国内黄金市场运行状况 / 52

一、国际金币市场运行状况数据 / 52

二、国际国内贵金属市场运行状况数据 / 53

三、国内黄金消费状况数据 / 55

第二部分　分　析　/ 57

第三章　市场运行状况分析 / 59

第一节　2018年大盘发行增量分析 / 59

一、市场中出现的新动向 / 59

二、市场中存在的急需解决的问题 / 65

三、建议的解决对策 / 75

第二节　2018年大盘发行存量分析 / 80

一、市场运行状况分析 / 80

二、下跌原因分析 / 82

三、如何激活发行存量 / 86

第四章　其他市场问题分析 / 93

第一节　钱币鉴定评级 / 93

一、市场变化的主要特点 / 93

二、现代贵金属币鉴定评级总量下降的主要原因 / 96

三、市场如何发展 / 99

第二节　钱币拍卖与交易 / 101

一、拍卖市场的主要特点 / 102

二、拍卖市场现状 / 102

三、搭建"市场交易综合服务平台" / 104

第五章　市场分析总结　/ 107

　　一、市场运行的基本状况　/ 107

　　二、市场中出现的新变化和新动向　/ 110

　　三、市场中面临的主要困难和问题　/ 112

　　四、市场如何科学健康稳定发展　/ 114

第三部分　展　望　/ 119

第六章　解读 2019 发行计划　/ 121

　　一、数据分析　/ 121

　　二、解读计划　/ 124

第七章　研究判断 2019 年市场发展态势　/ 128

　　一、外部环境　/ 129

　　二、内部因素　/ 133

　　三、总体研究判断市场发展态势　/ 135

附录　/ 137

　　一、中国贵金属币市场 2018 年纪事　/ 137

　　二、主要名词解释及定义　/ 143

　　三、主要数据来源说明　/ 147

　　四、"中国现代贵金属币信息分析系统©"说明　/ 149

附表　/ 151

　　附表 1-1　2011~2018 年市场价总值内部结构变化统计　/ 151

　　附表 1-2　2011~2018 年贵金属变动成本溢价率 S/BD 值

　　　　　　（料价比）变化统计　/ 152

附表1-3　2011~2018年"评价收藏投资价值的相对指标"统计　/152

附表1-4　中国现代贵金属币项目主题分类统计　/153

附表1-5　中国现代贵金属币发行重量规格分类统计（按克重大小排序）　/154

附表1-6　中国现代贵金属币发行币种技术特征分类统计　/155

附表1-7　2018年板块投资币发行数据统计　/156

附表1-8　2018年板块纪念币发行数据统计　/157

附表1-9　2018年板块纪念币阳光工程公布数据统计　/158

附表1-10　2018年板块一级市场销售渠道数据统计　/160

附表1-11　2017年大盘内部主要板块统计数据　/161

附表1-12　2017年大盘纪念币市场表现较优的前100枚精品币种统计　/163

附表1-13　2017年大盘纪念币表现较弱的后100枚币种统计　/170

附表2-1　2018年钱币鉴定评级数据统计　/178

附表2-2　2018年现代贵金属币鉴定评级数量统计　/179

附表2-3　2018年现代贵金属币拍卖数据统计　/180

附表2-4　2018年拍卖市场拍品的内部结构统计　/181

附表2-5　2009~2018年国际官方铸币用金统计　/182

附表2-6　2018年贵金属价格统计　/182

附表2-7　2009~2018年国内黄金市场主要用途及消费结构统计　/183

附表4-1　70分体系2018年市场交易价格差价率统计　/184

附表6-1　2019年发行计划数据分析统计　/185

附表7-1　国际金融机构对2019年黄金价格走势预判汇总　/186

主要参考文献　/187

中国现代贵金属币市场分析 报告

2018
ANALYSIS REPORT

第一部分 数据

第一章 2018年大盘运行状况

第一节 市场总体运行状况

2018年大盘是指中国人民银行从1979~2018年发行的所有现代贵金属币的集合。

一、市场总体运行状况数据

市场总体运行状况数据主要包括供应总量、市场交易价格、市场交易活跃度和评价收藏投资价值的数据。

(一) 供应总量和市场交易价格数据

截至2018年底,我国金币市场总体运行状况见表1-1。

表1-1　　　　　　2018年大盘市场运行状况综合统计

数据分类	2018年大盘	投资币	纪念币
项目数（个）	446	37	445
币种数（个）	2 289	231	2 058

续表

数据分类		2018年大盘	投资币	纪念币
枚数（万枚）	公告量	18 216.74	11 919.61	6 297.13
	实铸量	12 557.38	6 870.73	5 686.64
重量（万盎司）	公告量	15 552.82	8 960.20	6 592.62
	实铸量	11 067.05	5 236.94	5 830.11
实铸量价格指标（亿元）	零售价总值	1 075.11	535.21	539.90
	不变成本总值	734.53	466.89	267.64
	变动成本总值	1 025.49	663.18	362.31
	市场价总值	1 402.33	724.09	678.25
交易活跃度指标（币种数）	成交顺畅	1 074	231	843
	成交不畅	961	0	961
	成交困难	254	0	254
评价投资价值绝对指标	零售价/不变成本（L/BB）	1.464	1.146	2.017
	市场价/零售价（S/L）	1.304	1.353	1.256
	市场价/不变成本（S/BB）	1.909	1.551	2.534
	市场价/变动成本（S/BD）	1.367	1.092	1.872
评价投资价值相对指标（中位数）	CPI比较值（CBZ）	1.176	1.333	1.144
	存款利率比较值（LBZ）	0.856	0.837	0.859
	货币贬值系数比较值（HBZ）	0.662	0.689	0.657
	综合收藏投资价值指标（BH）	7.099	4.517	7.562

注：在熊猫币项目中既包括投资币也包括纪念币，在项目统计中进行了相应分解，因此项目总数不等于投资币项目数加纪念币项目数。

如表1-1所示，2018年我国共计发行446个项目，2 289个币种[①]。

铸造的总数量12 557.38万枚（公告量18 216.74万枚），其中投资币占54.71%，纪念币占45.29%。

铸造的总重量11 067.65万盎司[②]（公告量15 552.82万盎司），其中

[①] 在"中国现代贵金属币信息分析系统©"中，将熊猫加字币作为单独纪念币项目统计
[②] 1金衡盎司 = 31.1035 克。

投资币占 47.32%，纪念币占 52.68%。

2018 年 30 克普制熊猫金币于 2018 年 9 月 12 日开始在上海黄金交易所（简称"上金所"）上市。但由于在上金所挂牌交易的数量较少，在以下的数据计算中将统一按线下交易价格计算 2018 年大盘的市场价总值。

按以上原则计算，2018 年大盘市场价总值为 1 402.33 亿元，与 2017 年相比减少 46.95 亿元，下降 3.24%。其中 2018 年大盘发行增量正向贡献 69.75 亿元，2018 年大盘发行存量负向拉拽 116.69 亿元。

2011～2018 年，市场价总值的变化状况见图 1-1，变化状况的内部结构见附表 1-1。

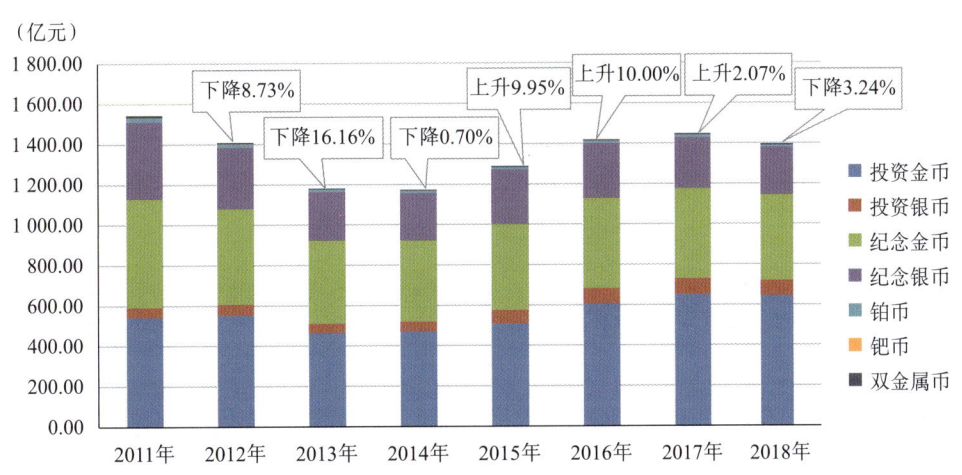

图 1-1　2011～2018 年市场价总值走势

如图 1-1 所示，在包括 2018 年发行增量的情况下，2018 年大盘的市场价总值仍低于 2017 年大盘的市场价总值，也就是说 2018 年发行增量的正向贡献全部被 2018 年大盘发行存量的下跌所吞噬，这是近年来较少出现的情况。另外从附表 1-1 中可以看到，2018 年大盘按币种贵金属材质分类，除了钯币板块录得小幅上涨，其他板块均处于下行状态。

（二）市场交易活跃度数据

市场交易活跃度是评价我国金币市场商品流动性的基本指标。

2018年与2017年相比市场交易活跃度的变化状况见表1-2。2018年市场交易活跃度分布状况见图1-2。

表1-2　　2018年与2017年相比市场交易活跃度状态变化统计

评价指标	成交顺畅（%）	成交不畅（%）	成交困难（%）
2017年大盘（2 220个币种）	48.65	40.45	10.90
2018年大盘（2 289个币种）	46.92	41.98	11.10

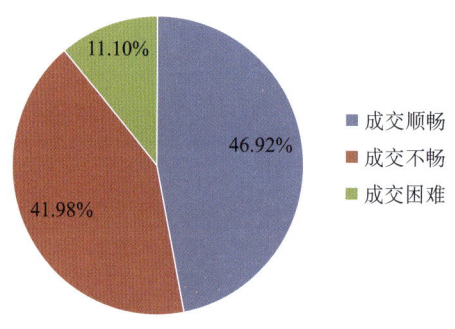

图1-2　2018年市场交易活跃度分布

如表1-2和图1-2所示，2018年与2017年相比市场交易活跃度总体变化不大，但"交易顺畅"币种的占比小幅下降，"交易不畅"和"交易困难"的币种均小幅上升。这组数据表明由于2018年大盘继续下行，在某些币种惜售心理作用下，市场交易效率有所下降。

（三）评价收藏投资价值的数据

我国现代贵金属币的市场价值由有形价值和无形价值构成。其中，有形价值主要包括文化艺术价值和收藏投资价值。从定量分析角度出发，以下将主要展现2018年大盘收藏投资价值的变化状况。

评价收藏投资价值的指标由直接指标和相对指标组成。

1. 直接指标

在直接指标中，贵金属变动成本溢价率（S/BD 值，俗称料价比）是评价收藏投资价值的重要指标，是现代贵金属币文化收藏溢价的货币表现形式。S/BD 值一方面与项目题材、设计雕刻、币种质量等级、规格、材质、发行量、技术特征、品相、版别、号码和包装形式等多种货币溢价因素密切相关，另一方面也反映了贵金属价格变化对收藏投资价值的影响。

2011～2018 年现代贵金属币变动成本溢价率（S/BD 值）的变化见图 1-3，内部结构变化见附表 1-2。

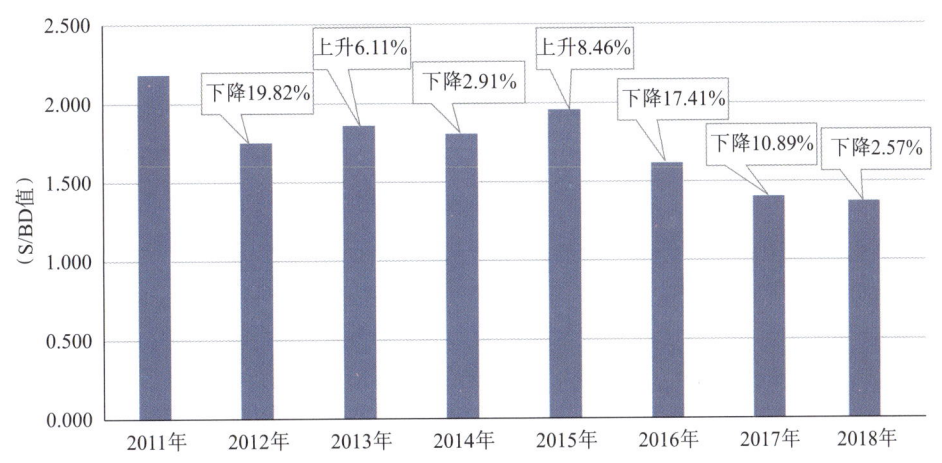

图 1-3　2011～2018 年贵金属变动成本溢价率（S/BD 值）动态变化走势

如图 1-3 所示，从整体上看 2018 年大盘的贵金属变动成本溢价率（S/BD 值）继续下行。数据说明，从整体上看现代贵金属币的市场价格与贵金属价格变化同步运行，但前者的变化幅度大于后者的变化幅度，由于整个大盘持续走弱，有别于贵金属价值之上的货币溢价率在继续下降。

从附表 1-2 中可以看到，虽然整个大盘的贵金属变动成本溢价率（S/BD 值）继续下降，但是内部还是产生了不同变化。其中，银币和铂币的市场价格没有紧随白银和金属铂价格的大幅下跌而同步下跌，由此录得 S/BD 值上升。另外，虽然金属钯的价格大幅上涨，但是钯币的价格没有同步大幅上升，S/BD 值出现反向运行。

2. 相对指标

在相对指标中，CBZ 值、LBZ 值和 HBZ 值是分别考察某一币种或板块的实际增值幅度是否跑赢 CPI、同期存款利率和货币贬值速度的重要指标。当 CBZ 值、LBZ 值和 HBZ 值大于 1 时，说明现代贵金属币的实际增值幅度分别跑赢了相应指标，反之说明没有跑赢相应指标。

2011～2018 年，上述三项相对指标和 BH 值的统计数据见附表 1-3。图 1-4 是三项相对指标的示意图。

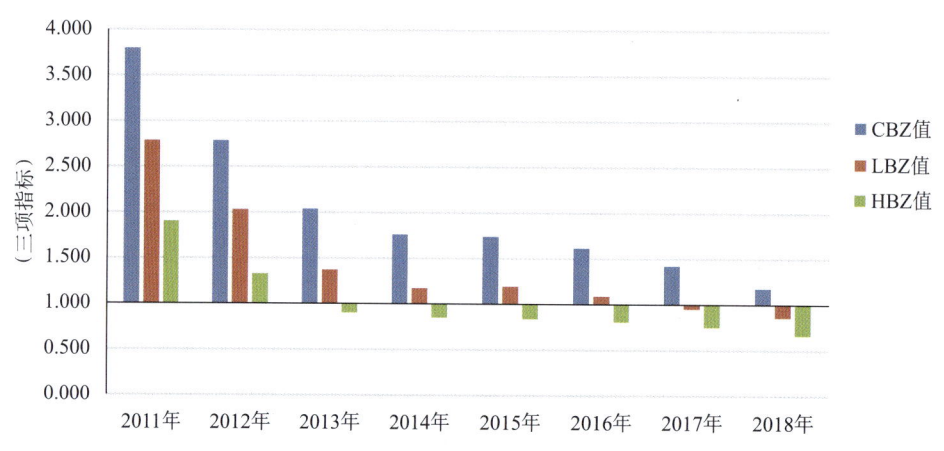

图 1-4 2011～2018 年评价收藏投资价值三项指标状态变化走势

如附表 1-3 和图 1-4 所示，在上述三项指标中，除 CPI 比较值（CBZ 值）大于 1 之外，存款利率比较值（LBZ 值）已经连续两年小于 1，货币贬值速度比较值（HBZ 值）已经连续六年小于 1。数据表明随着大盘的持续下行，在上述时间区间内我国现代贵金属币的投资价值在整体上没有跑赢存款利率和货币贬值速度。

在相对指标中，BH 值是评价收藏投资价值的综合指标。它是 CBZ 值、LBZ 值、HBZ 值、GBZ-1 值和 GBZ 值-2 的算术值相加之和，一般用于比较现代贵金属币内部不同币种或板块之间的相对优劣，单独使用没有经济意义。

2011~2018年评价收藏投资价值综合指标BH值的数据见附表1-3，走势变化的示意图见图1-5。

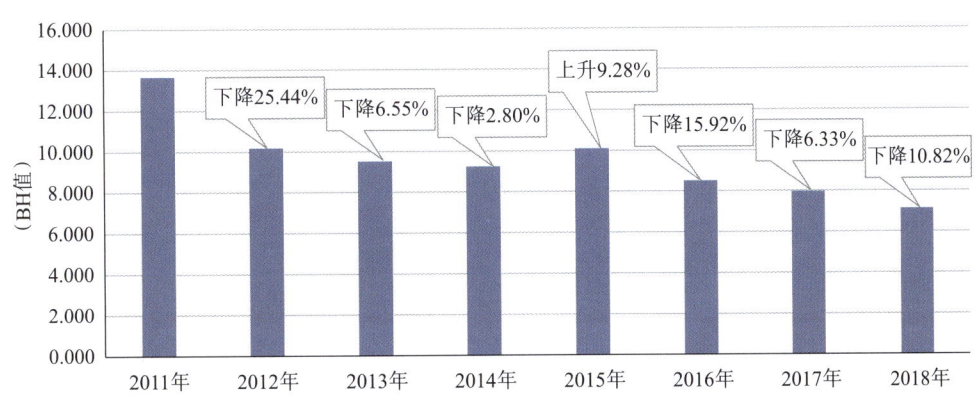

图1-5 2011~2018年投资价值综合指标（BH值）走势

如图1-5所示，从2011年市场开始连续出现深度调整以来，我国现代贵金属币的BH值整体上处于波浪式的下行态势。

综上所述和通过附表1-3可以看到，2018年与2017年相比，评价投资价值的各项指标均出现10%~17%的大幅下挫，我国现代贵金属币投资价值的走势值得密切关注。

二、市场发展历史数据

市场发展历史数据主要包括1979~2018年发行的项目、币种重量规格、币种技术特征、2009~2018年投资币数量和重量、2009~2018年纪念币数量和重量等历史数据。

（一）发行项目的统计数据

我国现代贵金属币发行项目的分类统计见附表1-4。

如附表1-4所示，在我国现代贵金属币的项目主题中"熊猫""中华文化及文明""历史事件"和"生肖"等板块是整个项目结构中最重要的组成部分。其中近年来事件类项目增加较多。

(二) 发行币种重量规格的统计数据

我国现代贵金属币发行币种的重量规格统计见附表1-5。

如附表1-5所示,在我国已经发行的2 289种现代贵金属币中共计有43种重量规格,它们分别采用了国际金衡盎司、国家标准计量单位克和中国两三种重量计量单位。在过去的历史发展中,采用国际金衡盎司为计量单位的币种共计1 628个,占币种发行总数的71.12%,目前仍是重量规格的主体。其中,采用最多的是1盎司、1/2盎司和5盎司等重量规格。

(三) 发行币种技术特征的统计数据

我国现代贵金属币发行币种的技术特征统计见附表1-6。

如附表1-6所示,在我国已经发行的2 289种现代贵金属币中,通过不同贵金属材质能够用普通视力观察到的不同技术特征共有25种。使用这些不同技术组合产生的币种就更加多样。如果再加上不同的喷砂和镜面技术,我国现代贵金属币的工艺技术表现形式可以构成一个非常丰富的技术家族。特别是近些年来新的技术还在不断发展,双金属、异形、镶嵌、幻彩、珐琅彩、局部硫化、镀金、彩色移印等技术的应用又有了新突破。

(四) 投资币发行数量和重量的历史数据

我国现代贵金属币中的投资币10年来发行数量和重量的统计分别见图1-6和图1-7。

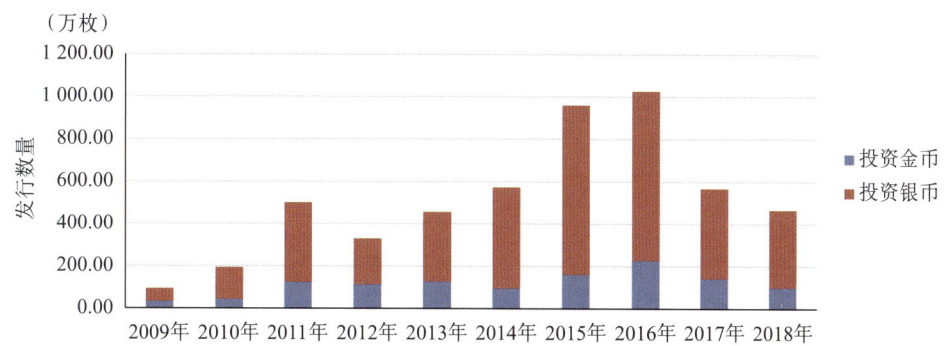

图 1-6 2009~2018 年投资币年度板块发行数量分布

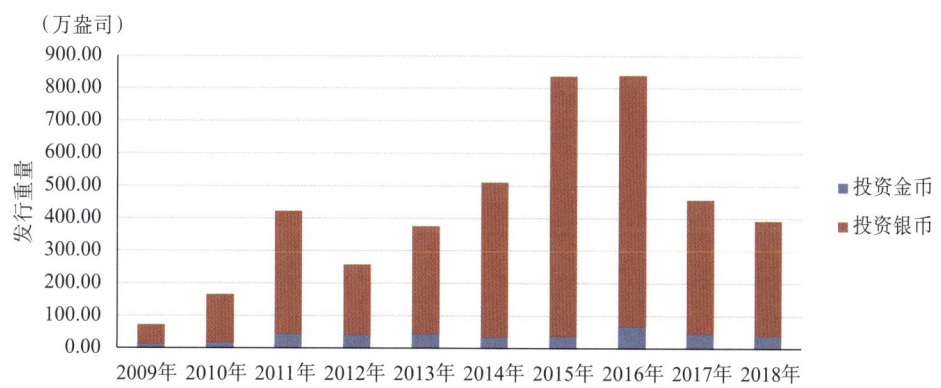

图 1-7 2009~2018 年投资币年度发行重量分布

如图 1-6 和图 1-7 所示,在 2016 年我国投资币的销售创出历史新高后,2017 年和 2018 年没有延续这种发展态势,特别是 2018 年投资金币和投资银币的发行总数量和总重量持续分别出现较大幅度下滑。这组数据表明,我国投资币的市场处于不稳定状态,其中的原因值得认真分析研究。

(五)纪念币发行数量和重量的历史数据

我国现代贵金属币中的纪念币 10 年来发行数量和重量的统计分别见图 1-8 和图 1-9。

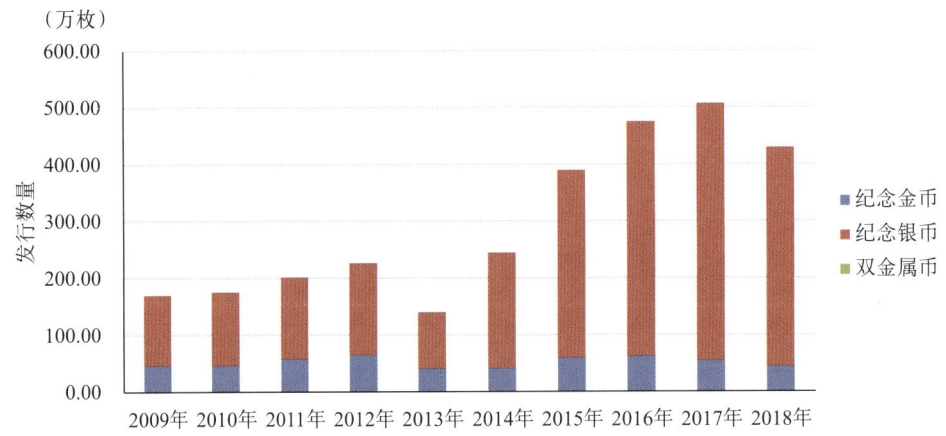

图1-8 2009~2018年纪念币年度板块发行数量分布

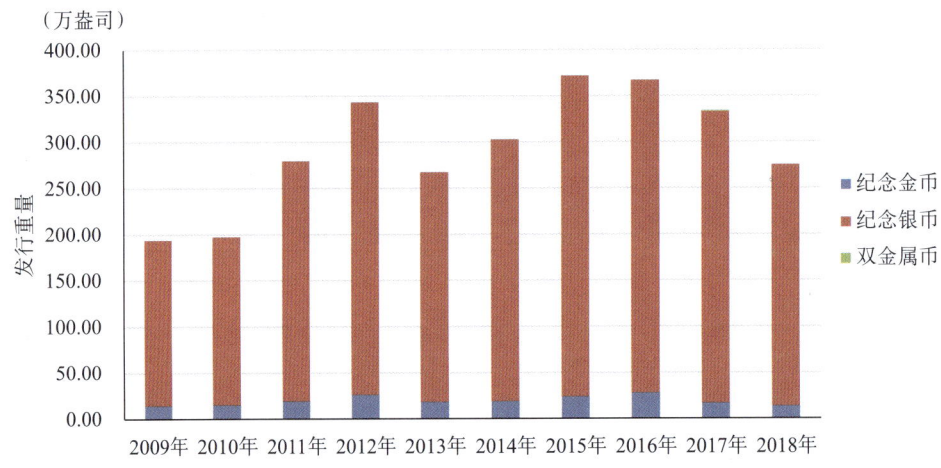

图1-9 2009~2018年纪念币年度板块发行重量分布

如图1-8和图1-9所示,面对我国金币市场连续出现的深度调整,在2018年中管理层和国有专营企业已经开始对2018年纪念币发行增量进行了较大幅度下调。按数量(枚)和重量(盎司)计算,2018年与2017年相比分别下降15.35%和17.47%[①]。

---

① 投资币和纪念币1979~2008年的发行历史数据详见《中国现代贵金属币市场分析报告(2014)》。

第二节 2018年大盘发行增量运行状况

2018年大盘发行增量（简称为2018年板块），特指中国人民银行在2018年中发行现代贵金属币的集合。

2018年板块市场运行状况的统计见表1-3。

表1-3　　　　　　　　2018年板块市场运行状况统计

数据分类		2018年板块	投资币	纪念币
项目数（个）		15	1	15
币种数（个）		69	6	63
枚数（万枚）	公告量	1 873.32	1 370.00	503.32
	实铸量	898.71	469.48	429.23
重量（万盎司）	公告量	1 498.52	1 087.34	411.19
	实铸量	669.15	394.01	275.14
实铸量价格指标（亿元）	零售价总值	71.41	41.40	30.01
	不变成本总值	50.82	36.89	13.93
	变动成本总值	51.97	37.75	14.21
	市场价总值	69.75	38.94	30.80
交易活跃度指标（币种数）	成交顺畅	60	6	54
	成交不畅	5	0	5
	成交困难	4	0	4
评价投资价值绝对指标	零售价/不变成本（L/BB）	1.405	1.122	2.154
	市场价/零售价（S/L）	0.977	0.941	1.026
	市场价/不变成本（S/BB）	1.372	1.056	2.211
	市场价/变动成本（S/BD）	1.342	1.032	2.167

续表

数据分类		2018年板块	投资币	纪念币
评价投资价值相对指标（中位数）	CPI比较值（CBZ）	0.975	0.887	0.988
	存款利率比较值（LBZ）	0.981	0.893	0.994
	货币贬值系数比较值（HBZ）	0.981	0.893	0.994
	综合收藏投资价值指标（BH）	7.220	4.758	7.830

注：在熊猫币项目中既包括投资币也包括纪念币，在项目统计中进行了相应分解，因此项目总数不等于投资币项目数加纪念项目数。

在2018年板块中按投资币和纪念币分类的主要指标占比结构见图1-10。

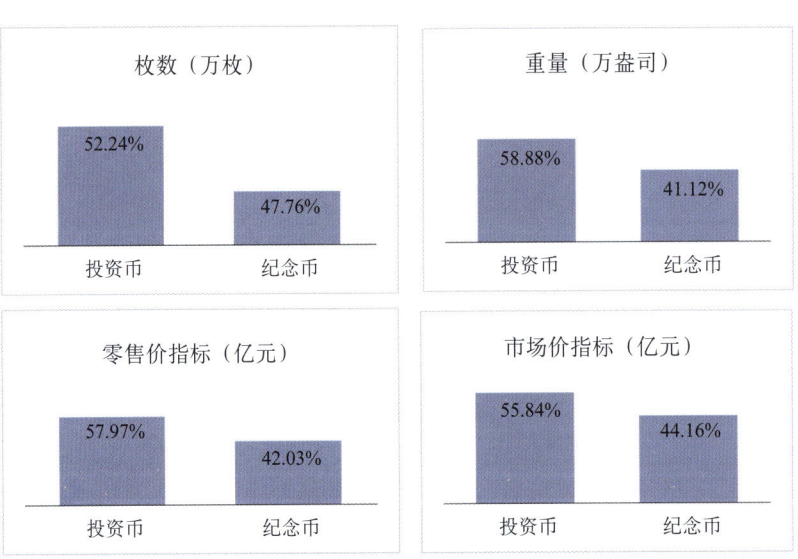

图1-10　2018年板块按投资币和纪念币分类的主要指标占比分布

如图1-10所示，在2018年板块中，投资币是这个板块最重要的物质基础。

一、投资币市场运行状况数据

投资币市场运行状况数据包括2018年实铸量的对比数据、贵金属变动成本溢价率数据和 30 克普制熊猫金币在上金所挂牌交易的数据。

（一）2018 年实铸量对比数据

2018 年实铸量数据主要包括数量和重量数据，对比的基准分别为 2018 年公告量和 2017 年实际铸造量。以上统计数据见附表 1－7，它们的示意见图 1－11 和图 1－12。

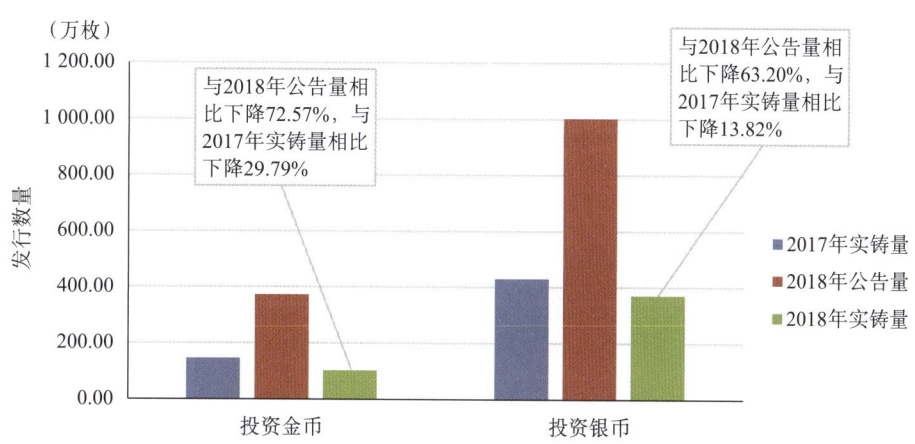

图 1－11　按发行数量计算的对比数据

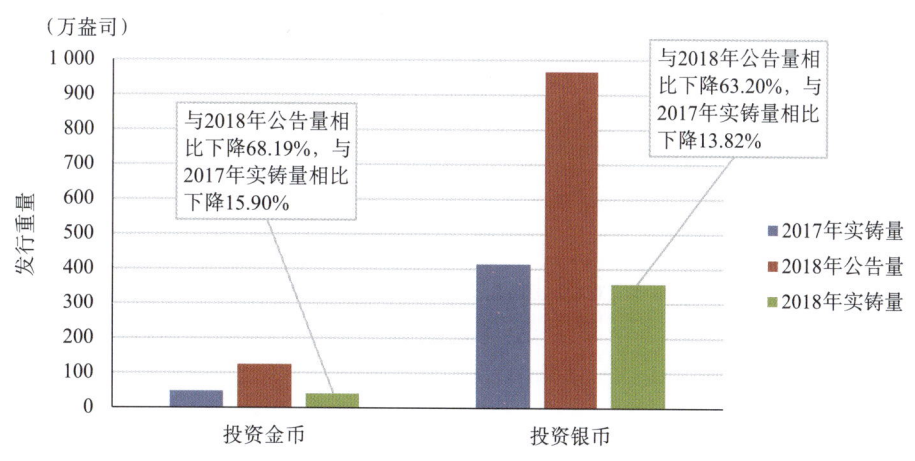

图 1－12　按发行重量计算的对比数据

如图 1－11、图 1－12 和附表 1－7 所示，2018 年投资币的实际铸造量不但与公告量相距甚远，同时与 2017 年的实际铸造量相比也有一定幅度下滑。其中，投资金币的数量和重量与 2017 年的实际铸造量相比分别下降 29.79% 和 15.90%，投资银币的数量和重量与 2017 年的实际铸造量相比下降 13.82%。投资币是我国金币市场的重要支点，具有巨大的市场发展空间。近年来投资币铸造规模不升反降的原因值得认真分析研究。

（二）2018 年贵金属变动成本溢价率数据

2018 年投资币的贵金属变动成本溢价率数据分别见附表 1 - 7 和图 1 - 13。

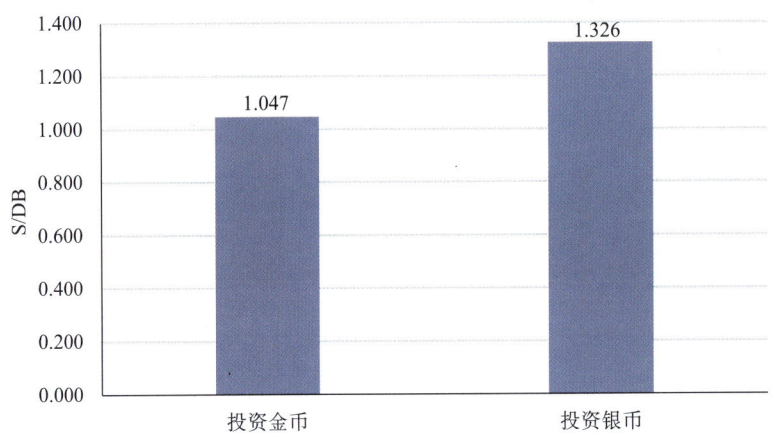

图 1 - 13　贵金属变动成本溢价率（S/DB）

如图 1 - 13 所示，2018 年投资币的贵金属变动成本溢价率金币为 1.047，银币为 1.326，投资功能凸显。

（三）30 克普制熊猫金币上金所挂牌交易数据

2018 年 9 月 12 日 30 克普制熊猫金币开始在上金所挂牌交易，到 2018 年 12 月 28 日共有 72 个交易日。这 72 个交易日的 K 线走势见图 1 - 14，其中的主要数据见表 1 - 4。

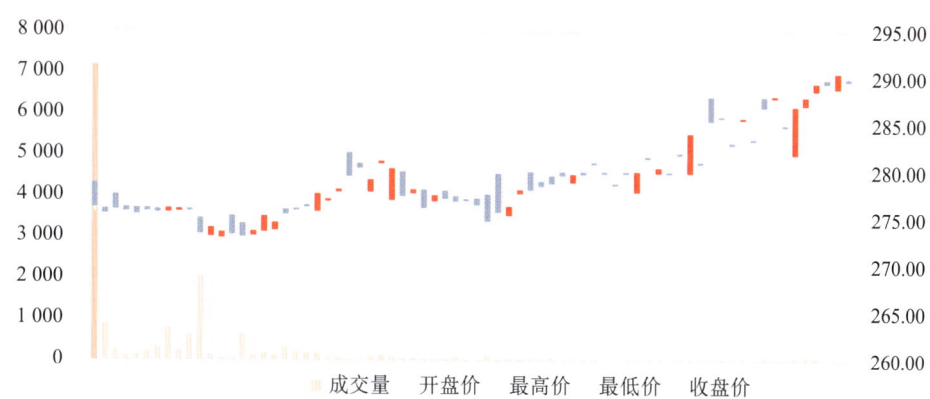

图 1-14 上金所 30 克普制熊猫金币交易 K 线

表 1-4　　30 克普制熊猫金币上金所挂牌交易主要数据统计

开盘价	收盘价	最高价	最低价	涨跌	加权平均价	成交量（千克）	成交额（亿元）
278.80	289.86	291.50	271.00	3.82%	275.96	569.22	1.57

普制熊猫金币在上金所开始挂牌交易是我国金币市场发展的重大事件。从图 1-14 中可以看到，场内交易价格与黄金价格走势密切联动，但成交量较低，距设计预期相差甚远。普制熊猫金币在上金所的挂牌交易如何面对当前问题和不断发展，值得认真研究和思考。

二、纪念币市场运行状况数据

（一）发行项目数量、币种个数、枚数和重量数据

2018 年板块纪念币实际发行的项目数量、币种个数、枚数和重量数据见附表 1-8。这些数据的对比基础分别为 2018 年公告量和 2017 年实际发行情况。

1. 实际发行项目数量和币种个数的对比（见图1-15）

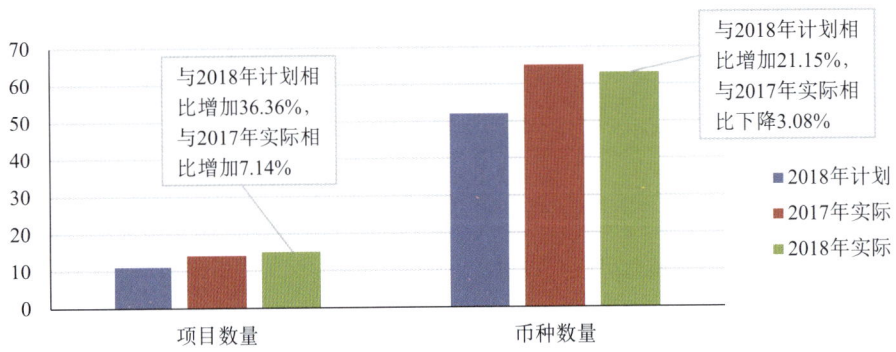

图1-15 2017年板块纪念币实际发行项目和币种个数的对比

如图1-15所示，2018年板块实际发行纪念币项目15个，与2018年计划相比增加4个项目，与2017年实际相比增加1个项目。2018年板块实际发行纪念币63个，与2018年计划相比增加11个币种，与2017年实际相比减少2个币种。

2. 实际发行枚数的对比（见图1-16）

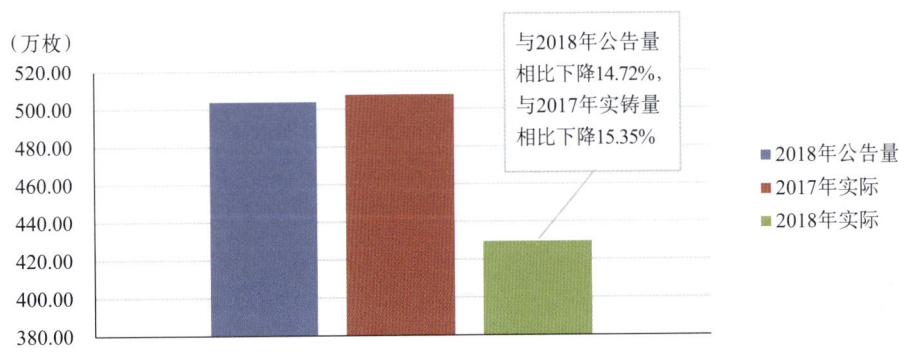

图1-16 2017年板块纪念币实际发行数量的对比

如图1-16所示，2018年板块纪念币实际发行枚数429.23万枚，与2018年公告量相比下降14.72%，与2017年实际铸造量相比下降15.35%。

3. 实际发行重量对比（见图1-17）

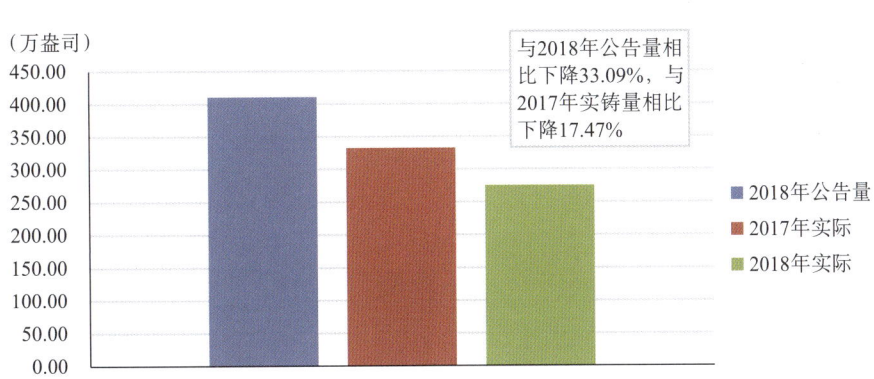

图1-17 2017年板块纪念币实际发行重量的对比

如图1-17所示，2018年板块实际发行纪念币重量275.14万盎司，与2018年公告量相比下降33.09%，与2017年实际铸造量相比下降17.47%。其中，熊猫精制币的实际铸造量与公告量相比下降61.84%，下降幅度较大。

4. 2011~2018年实际铸造重量的变化趋势（见图1-18）

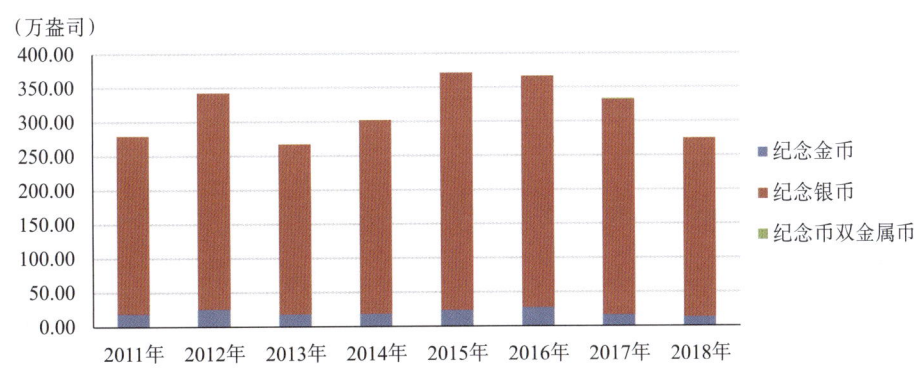

图1-18 2011~2018年纪念币每年实际发行重量走势

如图1-18所示，面对我国金币市场的弱市状况，纪念币年度供应的总重量在2015年达到顶点，随后开始出现小幅下调，2018年的下调幅度最大。

现代贵金属币阳光工程公布的纪念币各币种公告量与对比数据见附

表 1-9。

(二) 价格变化数据

1. 2018 年板块纪念币的价格整体走势（见图 1-19）

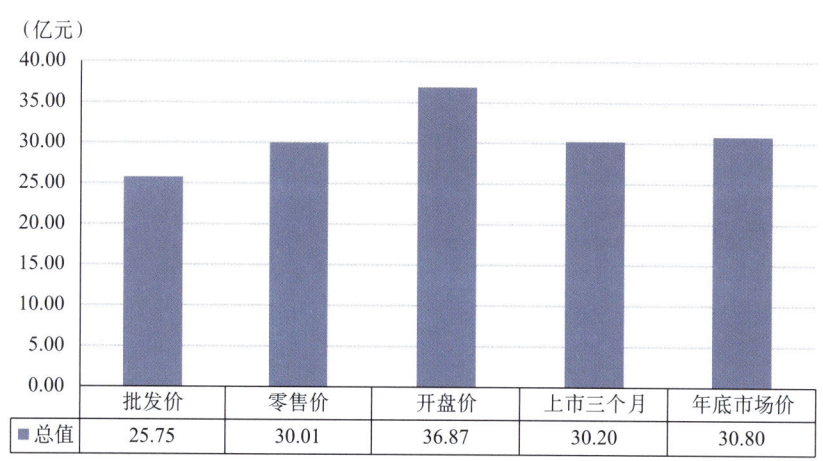

图 1-19　2018 年板块纪念币价格走势

通过图 1-19 可以看到：

（1）2018 年板块纪念币到年底时的市场价总值 30.80 亿元，高于零售价总值 2.65%，初步改变了 2017 年全局性跌破批发价总值的尴尬局面。

（2）在 2018 年中市场交易价格最高的位置仍处于开盘价，高于零售价总值 22.86%，三个月后市场交易价格迅速回落 18.09%，年底时开始出现企稳迹象。在 2018 年中纪念币市场交易价格高开低走的规律继续延续。

（3）在 2018 年中纪念币零售价与批发价的平均溢价率为 16.55%。

2. 2018 年板块纪念币内部涨跌情况（见表 1-5）

通过表 1-5 可以看到：

（1）在 2018 年板块的纪念币中与零售价相比交易价格上涨的币种 36 枚，占同期币种总数的 57.14%，其中金币 10 枚，银币 26 枚。这些币种

表1-5　　　　　　　　　2018年板块纪念币涨跌币种统计表

项目	币种数（种）	对板块价格变动的贡献（亿元）	变化幅度（%）
上涨币种	36	3.38	22.23
金币	10	0.85	12.67
银币	26	2.52	29.84
下跌币种	27	-2.58	-17.44
金币	17	-2.22	-18.08
银币	10	-0.37	-14.35

的市场价格与零售价相比平均上涨幅度为22.23%，对这个板块市场价总值的正向贡献为3.38亿元。在这些上涨币种中银币的上涨幅度最大。

（2）在2018年板块纪念币中，与零售价相比市场交易价格下跌的币种27枚，占同期币种总数的42.86%，其中金币17枚，银币10枚。这些币种的市场交易价格与零售价相比平均下跌幅度为17.44%，对板块市场价总值的负向贡献为2.58亿元。在这些下跌币种中金币的下跌幅度最大。值得注意的是，在下跌币种中，有20枚币种低于批发价。

（3）在2018年板块纪念币中上涨币种的总动能大于下跌币种的总动能。但是目前两种动能的差距不大。

3. 2018年板块纪念币项目涨跌情况（见表1-6）

通过表1-6可以看到：

（1）在2018年板块纪念币中，与零售价相比市场交易价格上涨幅度最大的前五个项目分别是"港珠澳大桥通车银质纪念币""人民币发行70周年纪念币""庆祝改革开放40周年纪念币""中国书法艺术（篆书）金银纪念币"和"2019年贺岁银质纪念币"，其中"港珠澳大桥通车银质纪念币"项目的上涨幅度达到503.75%，为最大值。纪念币市场交易价格高于零售价是市场参与者的共同期望，但在新品上市后的短时间内市场交易价格的暴涨是否符合市场规律？其中的诱发原因是什么？这些问题值得认真分析和思考。

表 1-6　　2018 年板块纪念币项目市场交易价格变动统计

分类	项目名称	对 2018 年板块纪念币市场价变化的贡献值（亿元）	与零售价相比的变化幅度（％）
上涨幅度最高的前五位项目	港珠澳大桥通车银质纪念币	0.484	503.75
	人民币发行 70 周年纪念币	0.475	55.44
	庆祝改革开放 40 周年纪念币	0.753	47.51
	中国书法艺术（篆书）金银纪念币	0.253	47.42
	2019 年贺岁银质纪念币	0.837	26.96
下跌幅度最大的后五位项目	2018 吉祥文化金银纪念币	-0.826	-28.33
	中央美术学院建校 100 周年金银纪念币	-0.343	-28.03
	中国平安集团成立 30 周年熊猫加字金银纪念币	-0.137	-24.02
	广西壮族自治区成立 60 周年金银纪念币	-0.163	-18.91
	2018 版熊猫金银纪念币（精制币）	-0.689	-15.00

（2）在 2018 年板块纪念币中，与零售价相比市场交易价格下跌幅度最大的后五位项目分别是"2018 吉祥文化金银纪念币""中央美术学院建校 100 周年金银纪念币""中国平安集团成立 30 周年熊猫加字金银纪念币""广西壮族自治区成立 60 周年金银纪念币"和"2018 版熊猫金银纪念币（精制币）"，其中"2018 吉祥文化金银纪念币"项目的下跌幅度为 28.33％，为最大值。新品上市后在短时间内项目的市场交易价格就低于零售价也是全体市场参与者不愿意看到的情况，其中的原因值得认真分析研究。

（3）生肖币是我国每年发行纪念币的重头戏，从某种意义上讲具有市场风向标的作用。"2019 中国己亥（猪）年金银纪念币"的市场交易价格价与零售价相比整体录得 0.75％上涨，在这个时点已经改变了去年全局性跌破零售价的局面。

4. 2018年板块纪念币交易价格走势最跌宕起伏的币种（见图1-20）

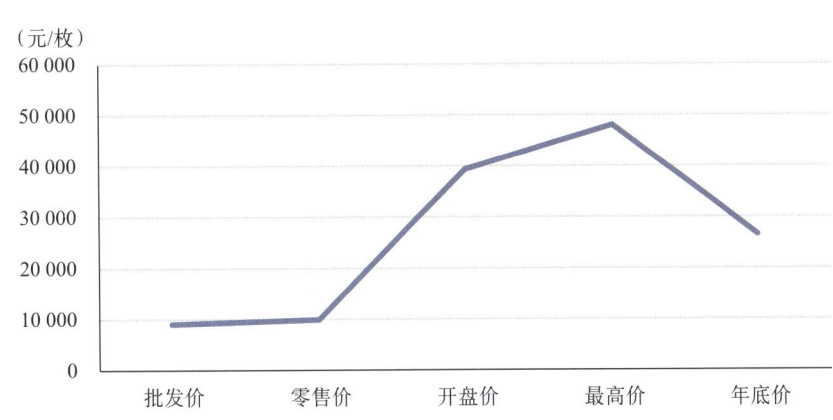

图1-20 人民币发行70周年纪念币1公斤银币价格走势

在2018年发行的纪念币中，"人民币发行70周年纪念币"项目中的1公斤银币是最吸引人们眼球的币种。如图1-20所示，这个币种的批发价为9 000元/枚，零售价为9 900元/枚，开盘价为39 300元/枚，在短时间内最高冲到48 000元/枚，然后一路下探到年底的26 500元/枚，并且还有继续下行的空间。这枚银币的市场交易价格走势有如跌宕起伏的过山车，发生了不少故事，引起市场普遍关注和议论。为什么会出现这种情况？其中的根本原因是什么？这种市场交易价格的波动到底谁受益和谁受害？这个典型案例暴露出我国金币市场的何种深层次问题？以上这些问题值得认真分析研究。

（三）交易效率状况

2018年板块纪念币成交效率分布见图1-21。

如图1-21所示，作为新品上市，2018年板块纪念币的整体成交效率不错，但也有少数价格较高币种的成交效率不尽理想。

（四）投资价值状况

评价2018年板块纪念币的投资价值包括CBZ值、LBZ值和HBZ值

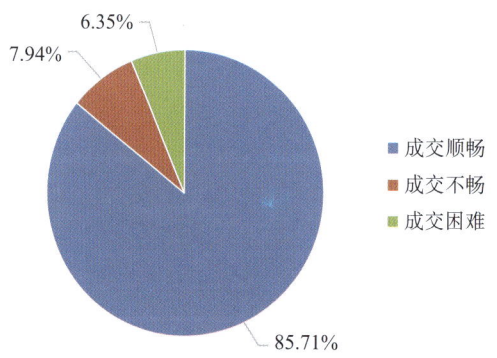

图 1-21　2018 年板块纪念币成交率分布

三项相对指标和综合指标 BH 值。

1. 三项相对指标状况见图（1-22）

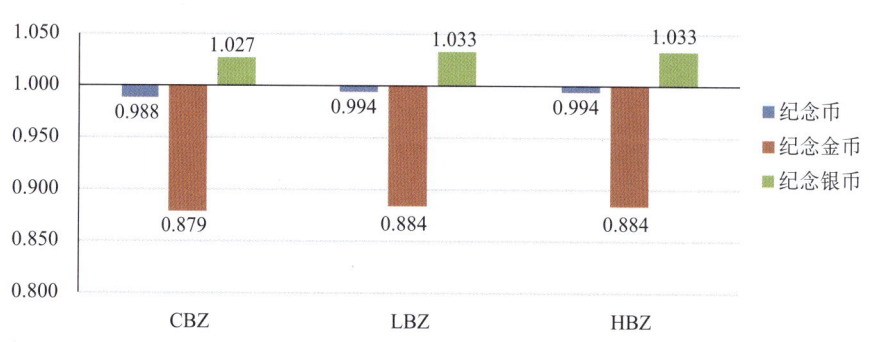

图 1-22　2018 年板块纪念币投资价值三项指标状况

如图 1-22 所示，2018 年板块纪念币的三项相对评价指标，除银币大于 1 外，纪念币整体和纪念金币的三项评价指标均小于 1，说明这些评价指标均没有跑过 CPI、存款利率和货币贬值速度。可能有人会问，2018 年板块整体表现还行，为什么会出现这种情况？其中的原因至少应该有两条：①三项相对指标的计算不但要使用各个币种的零售价溢价率，同时要与三项宏观经济指标进行比对。由于 2018 年板块纪念币有 42.86% 的币种跌破零售价，还有一些币种的零售价溢价率较低，在与宏观经济指标的比对计算过程中将会出现一批三项相对指标小于 1 的币种。②三项相对指标的取值是平均值（中位数），2018 年板块纪念币的币种涨跌互现，作为平均值完全有可能出现这种情况。

2. 综合指标（BH 值）状况（见图 1-23）

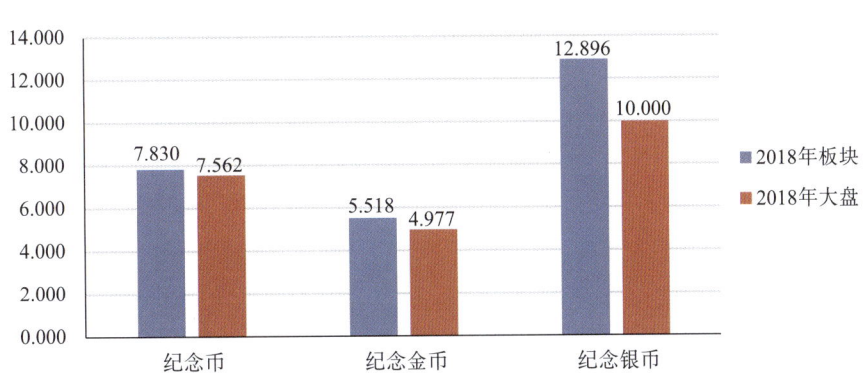

图 1-23　2018 年板块纪念币 BH 值与 2018 年大盘比较

如图 1-23 所示，与 2018 年大盘比较，2018 年板块纪念币的投资价值综合评价指标（BH 值）均好于 2018 年大盘的平均值，数据表明：目前是仅用一年时间评价 2018 年板块纪念币的综合投资价值相对较好，它们还需要经过更长时间检验。

三、一级市场销售渠道及利益分配状况数据

在我国的金币市场中参与一级市场经营的企业大致可分为直属机构、金融机构、其他商业机构、指定机构、特许经销体系和海外机构。按照这个体系统计的内部分配结构见附表 1-10。

（一）一级市场销售渠道内部分配结构数据

从简化角度出发，以下将主要分析按零售价计算的销售渠道内部结构数据，见图 1-24。

通过图 1-24 可以看到：

（1）从投资金币的情况看，2018 年"金融机构"销售占比为 45.29%，"特许经营"占比为 34.06%，是投资金币销售的两大主力，"直属机构"在整个销售中的贡献较小。与 2017 年相比销售渠道产生的

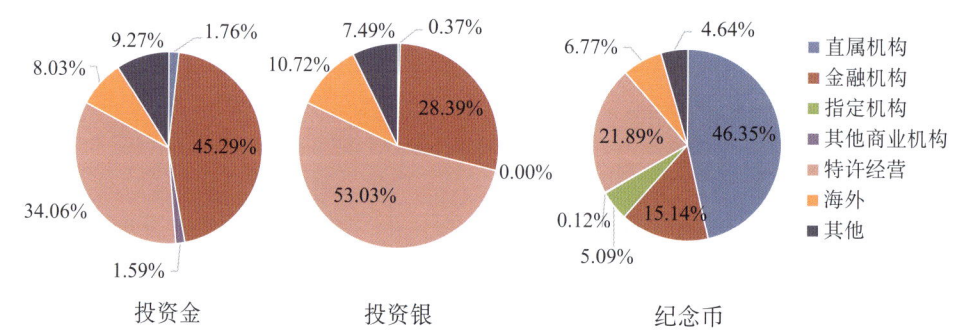

图 1-24　2018 年板块一级市场销售渠道结构

最大变化是"其他商业机构"已经完全退出投资金币的销售。

（2）从投资银币的情况看，2018 年"特许经营"在整个销售中占据了半壁江山，份额达到 53.03%。与投资金币相同的是 2017 年"其他商业机构"也完全退出投资银币的销售。另外，在销售份额上"金融机构"占比为 28.39%，"直属机构"占比为 0.37%，发展潜力很大。

（3）从纪念币的情况看，2018 年"直属机构"销售配额占比为 46.35%，与 2017 年相比增幅较大。"特许经营"销售配额占比为 21.89%，与 2017 年相比变化不大。"金融机构"销售配额占比为 15.14%，与 2017 年相比下降幅度较大。

（4）从"海外机构"的情况看，与 2017 年相比，投资金币和投资银币的销售份额均有不同程度下滑，纪念币的销售配额也在下降。

一级市场销售渠道的变化关系到我国金币市场顶层设计的改革。从 2018 年的情况看，纪念币在加大直销比例方面取得新进展，投资金币利用银行渠道的工作也在持续发力，这些都是值得充分肯定的。根据市场形势变化如何继续深化一级市场经销体系的改革，巩固成绩和补足短板，值得认真分析思考。

（二）一级市场利益分配数据

零售价减贵金属不变成本形成的价差分布结构是观察我国金币市场中一级市场利益分布格局的重要切入点。众所周知，在价差指标中经营成本是最重要的组成部分之一,但由于各个经营主体的实际经营成本无法准确获知,因此,从各个经营主体社会平均成本付出趋同的角度出发,零售价减贵金属不变成本形成的价差结构分布还是可以从一个侧面反映出一级市场的利益分配格局。

2018年板块按零售价减贵金属不变成本计算的价差分布结构数据见图1-25。

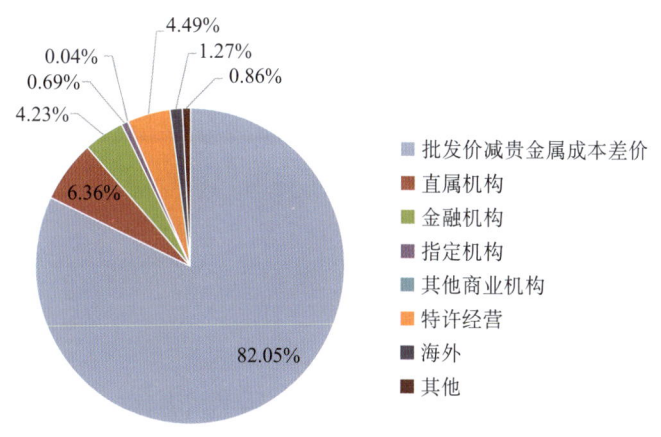

图1-25 2018年板块一级市场经济利益分配结构

如图1-25所示,从零售价减贵金属不变成本的差价总值中可以看到,国有专营企业的(批发价减贵金属不变成本)占比为82.05%,一级市场其他商业企业合计占比为17.95%,国有专营企业差价占比是其他经营企业的4.57倍。

这种价差分配结构是如何形成的,是否符合一般的市场规律,由此会产生何种问题,值得认真分析研究和思考。

四、阳光工程实施情况

阳光工程是保证我国金币市场实施"三公"原则的重要基础制度和前提。由于熊猫币实行以销定产原则,以下将主要分析2018年在纪念币中阳光工程的实施情况。

2018年发行纪念币实施阳光工程的基本情况较好，绝大部分项目都完整公布的销售分配情况，但也有一些项目存在分配缺口。例如：①"2019中国己亥（猪）年金银纪念币"中的10公斤金币没有公布销售去向。②"2018吉祥文化金银纪念币"由于经销商退单，也存在一些配额的去向不明问题。③"兴业银行成立30周年熊猫加字金银纪念币"中也有少量币种没有公布销售途径。

近些年我国金币市场在实施阳光工程过程中质量不断提高，但是从更高的标准出发，仍存在需要不断改进之处。例如，熊猫币的实铸量何时开始向社会公开；有极个别纪念币品种的分配情况尚未公布；在金融机构的大框架下，各个细分机构的分配数量还需细化。完全彻底实施阳光工程始终在路上。

第三节 2018年大盘发行存量运行状况

2018年大盘发行存量（以下简称2017年大盘），特指中国人民银行从1979~2017年发行现代贵金属币的集合。

2017年大盘市场运行状况的统计见表1-7。

表1-7　　　　2018年大盘发行存量市场运行状况综合数据统计

数据分类		2017年大盘	投资币	纪念币
项目数（个）		431	36	430
币种数（个）		2 220	225	1 995
枚数（万枚）	公告量	16 343.42	10 549.61	5 793.82
	实铸量	11 658.67	6 401.25	5 257.42
重量（万盎司）	公告量	14 054.29	7 872.86	6 181.43
	实铸量	10 397.90	4 842.93	5 554.97

续表

数据分类		2017年大盘	投资币	纪念币
实铸量价格指标（亿元）	零售价总值	1 003.70	493.81	509.89
	不变成本总值	683.71	430.00	253.71
	变动成本总值	973.53	625.43	348.10
	市场价总值	1 332.58	685.14	647.44
交易活跃度指标（币种数）	成交顺畅	1 014	225	789
	成交不畅	956	0	956
	成交困难	250	0	250
评价投资价值绝对指标	零售价/不变成本（L/BB）	1.468	1.148	2.010
	市场价/零售价（S/L）	1.328	1.387	1.270
	市场价/不变成本（S/BB）	1.949	1.593	2.552
	市场价/变动成本（S/BD）	1.369	1.095	1.860
评价投资价值相对指标（中位数）	CPI比较值（CBZ）	1.206	1.354	1.177
	存款利率比较值（LBZ）	0.845	0.829	0.846
	货币贬值系数比较值（HBZ）	0.644	0.676	0.640
	综合收藏投资价值指标（BH）	7.089	4.454	7.562

注：在熊猫币项目中既包括投资币也包括纪念币，在项目统计中进行了相应分解，因此项目总数不等于投资币项目数加纪念币项目数。

一、市场整体运行状况数据

市场整体运行状况主要包括交易价格走势、投资币和纪念币价值结构、市场交易活跃度、评判收藏投资价值的数据。

（一）交易价格走势

2017年大盘交易价格走势见图1-26。

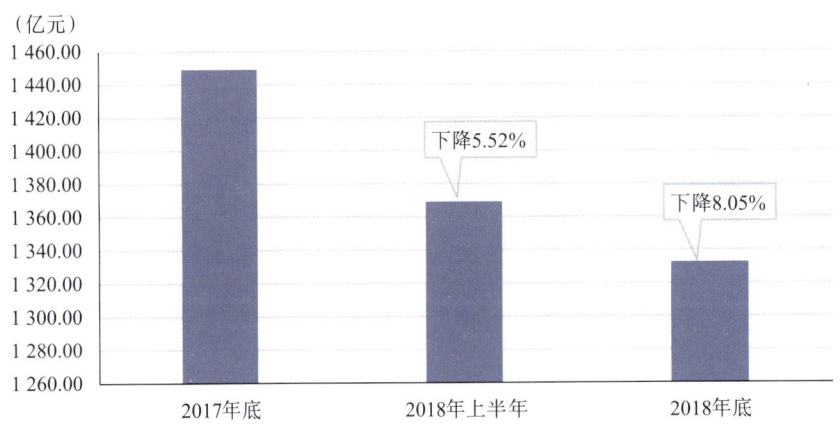

图 1-26　2017 年大盘价格走势

如图 1-26 所示，2017 年大盘在 2017 年底的市场价总值 1 449.28 亿元，2018 年六月底下行到 1 369.31 亿元，下降幅度 5.52%。到 2018 年底市场价总值为 1 332.58 亿元，与 2017 年相比下降 8.05%，与 2018 年中期相比下降 2.53%。数据表明目前我国金币市场的交易价格走势仍处于一定幅度的调整阶段，但 2018 年下半年与 2018 年上半年相比，跌幅收窄。

我国金币市场的这次调整是从 2011 年开始的，扣除相应发行增量，2011 年大盘的交易价格走势见图 1-27。

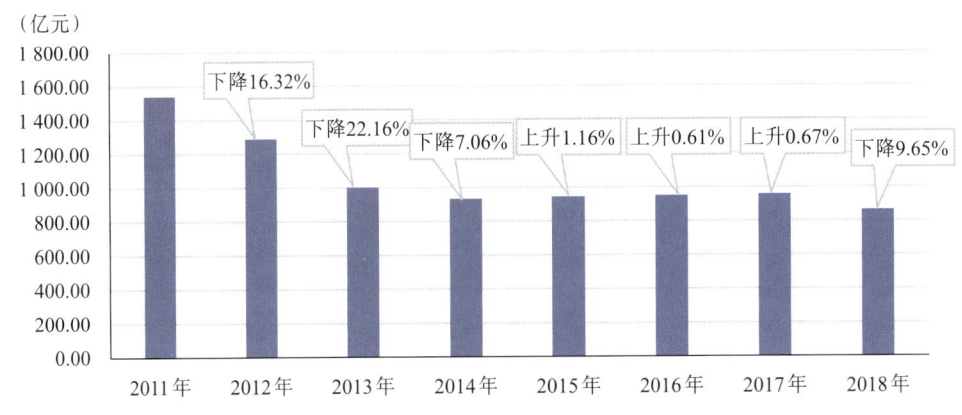

图 1-27　2011 年市场调整后扣除相应发行增量的市场价总值变化

如图 1-27 所示，2011 年大盘 2011 年时的市场价总值为 1 542.81 亿元，到 2018 年时下行到 864.68 亿元，市值蒸发 43.95%。同时 2018 年与 2017 年相比市场价总值下降 9.65%，大于 2017 年大盘的平均下跌幅度。数据表明一些贵金属变动成本溢价率较高和发行时间较久的币种由于市场关注度的变化，市场交易价格下行的幅度加大。

（二）市场交易效率状况

2017 年大盘市场交易效率状况见表 1-8。

表 1-8　　　　　　　　2018 年大盘发行存量交易效率统计

币种（个）	年度（年）	成交顺畅（%）	成交不畅（%）	成交困难（%）
2 220	2018	45.68	43.06	11.26
	2017	48.65	40.25	10.09

如表 1-8 所示，2017 年大盘交易顺畅的币种占 45.68%，交易不畅和交易困难的币种分别占 43.06% 和 11.26%。与 2017 年相比，交易顺畅的币种有所下降。

（三）评价收藏投资价值的指标

评价 2017 年大盘投资价值的指标统计见表 1-9。

表 1-9　　　　　　　201 年大盘发行存量投资价值指标统计

年度	S/BD 值（料价币）	CBZ 值	LBZ 值	HBZ 值	BH 值
2018 年	1.369	1.206	0.845	0.644	7.089
2017 年	1.404	1.404	0.971	0.008	0.080

如表 1-9 所示，随着市场交易价格的持续走低和三项宏观经济指标累计值的刚性上升，在 2017 年大盘中评价投资价值的四项指标均出现下降。其中 LBZ 值和 HBZ 值小于 1。说明从整体上观察 2017 年大盘的投资价值没有跑赢存款利率和货币贬值速度。

二、投资币与纪念币的运行状况数据

2017年大盘投资币与纪念币两大币种的价值结构见图1-28。

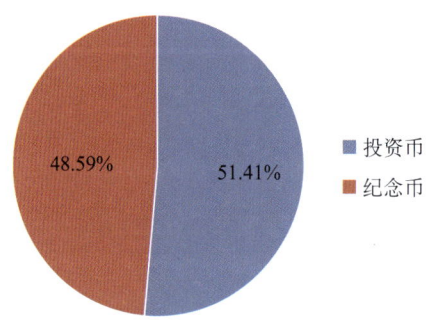

图1-28 2017年大盘两大币种价值结构

如图1-28所示,在2017年大盘的市场价总值中,投资币685.14亿元,占比为51.41%,纪念币647.44亿元,占比为48.59%。在贵金属价格的波动中,投资币市场交易价格的变化对2017年大盘的走势起到至关重要的作用。

为全面深入披露投资币和纪念币内部的运行状况,在展现以下数据时对投资币和纪念币内部的币种进行了分类。投资币按投资金币和投资银币进行分类。纪念币分别按贵金属材质、重量规格、发行时间、九大项目主题、典型纪念币项目、老精稀和新精品等概念分为38个子项。2018年评价指标变化的对比基础是2017年大盘的2017年数据。以上不同分类子项的数据见附表1-11。

在上述数据中特别使用了"市场价格涨跌能力"指标,主要用于定量计算某一特定币种或分类子项的价格变动幅度相对于2017年大盘价格变动幅度的优弱。这个指标的设计原理是将2017年大盘的价格变化幅度作为对比基础,并设定为1。当某一币种或分类子项在2018年的价格变化幅度优于大盘的变化幅度时,"市场价格涨跌能力"指标将大于1,说明它们对2017年大盘的价格变化起到正向支持作用，数值越大正向支持作用越大。当某一币种或分类子项在2018年的价格变化幅度弱于大盘的变化幅度时，"市场价格涨跌能力"指标将小于1，说明它们对2017年大盘的价格变化起到反向拉拽作用，数值越小反向拉拽作用越大。

（一）投资币的运行状况数据

1. 2017年大盘投资金币和投资银币的价格走势（见图1-29）

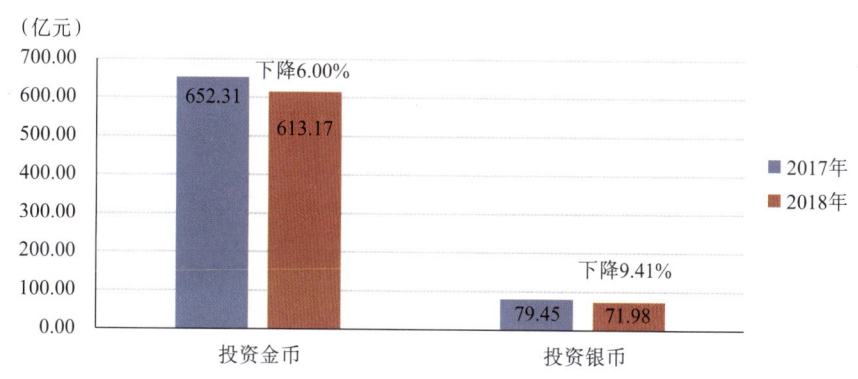

图1-29 投资金和投资银与2017年相比的市场价总值变化

如图1-29所示，在2018年中，随着贵金属价格的变化投资金币和投资银币的市场价总值都在下降，幅度分别为6.00%和9.41%，投资银币大于投资金币。

2. 2017年大盘投资金币和投资银币投资价值变化（见图1-30和图1-31）

如图1-30和图1-31所示，在2018年中，除投资银币的料价比（S/BD值）上升外，投资金币和投资银币的其他投资价值指标均出现下降。分析投资银币S/BD值上升的原因主要是投资银币的下跌幅度小于白银的下跌幅度。

3. 2017年大盘投资金币和投资银币的价格变化能力系数（见图1-32）

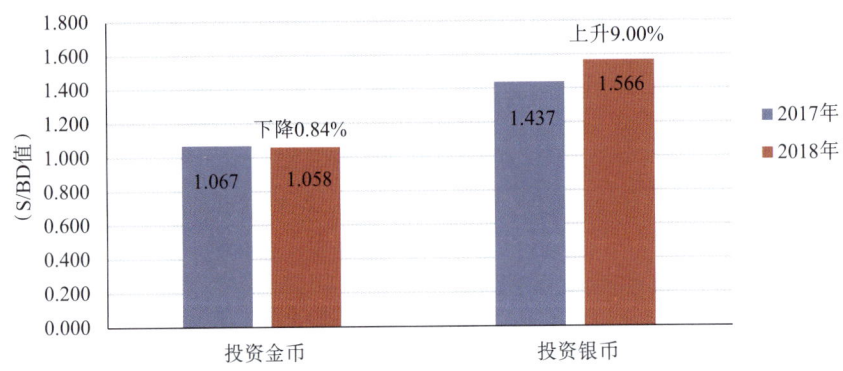

图 1－30 投资金和投资银与 2017 年相比的料价比变化

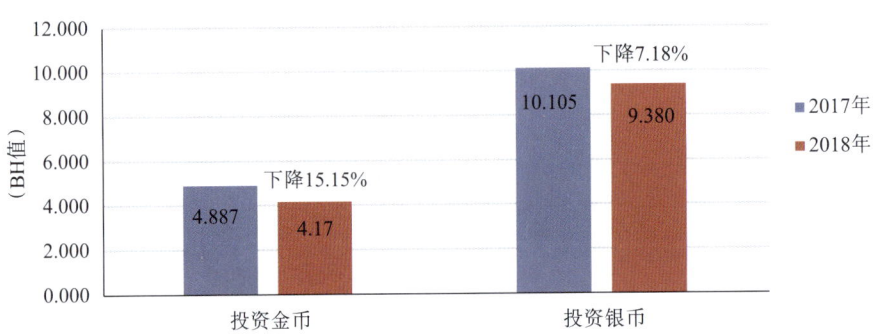

图 1－31 投资金和投资银币与 2017 年相比的投资价值变化

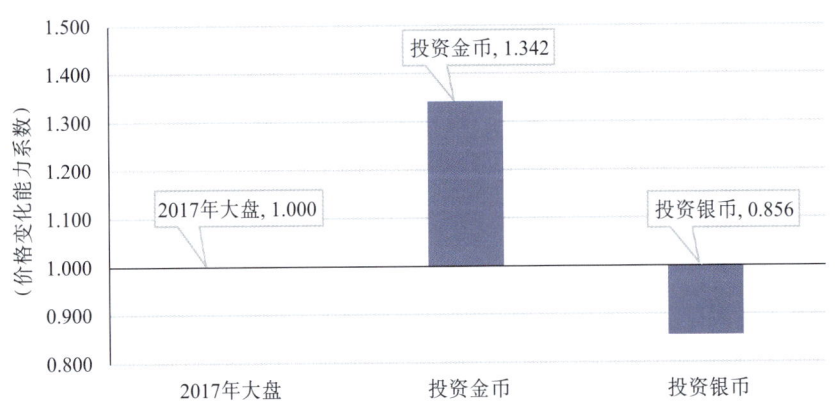

图 1－32 投资金和投资银币的价格涨跌能力

如图 1－32 所示，在 2018 年中，投资金币的市场价总值有所下降，但下降幅度低于 2017 年大盘，价格变化能力系数为 1.342，对 2017 年大盘市场价格走势有正向支持作用。投资银币的价格变化能力系数为

0.856，市场价总值的平均下降幅度高于2017年大盘，对2017年大盘市场价格走势有负向拉拽作用。

（二）纪念币的运行状况数据

1. 纪念币总体运行状况

2017年大盘纪念币市场交易价格走势见图1-33。

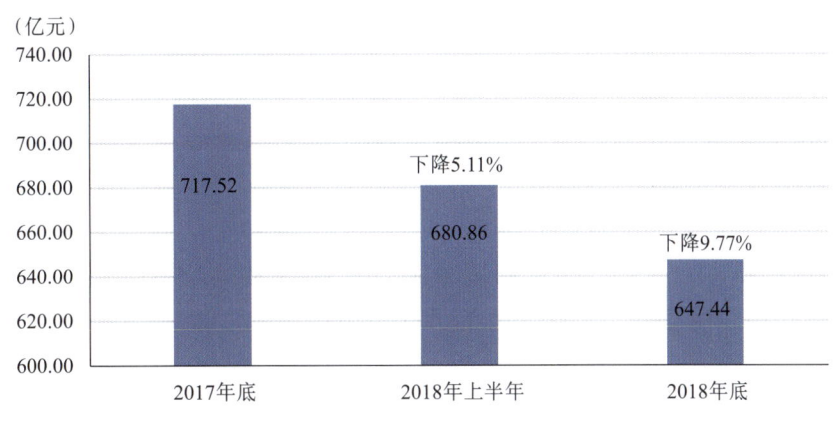

图1-33　2017年大盘纪念币市场价总值走势

如图1-33所示，在2018年中，2017年大盘纪念币的总体态势持续走低，到2018年底市场价总值为647.44亿元，与2018年中期和2017年底相比分别下降5.11%和9.77%。如附表1-11所示，在2018年中，2017年大盘纪念币的投资价值持续走弱，与2017年相比料价比（S/BD值）下降5.12%，投资价值综合指标（BH值）下降9.15%，价格变化能力系数录得0.824，对2017年大盘走势产生了一定的负向拉拽作用。

实际上在2017年大盘纪念币内部，也是涨跌互现。这种价格变化的内部结构见表1-10。

如表1-10所示，在2017年大盘的纪念币中，市场交易价格上涨币种有270枚，平均上涨幅度为11.96%，对2017年大盘纪念币的正向贡献为13.32亿元。市场交易价格下跌的币种为1 725枚，平均下跌幅度为13.76%，对2017年大盘纪念币的负向拉拽为83.40亿元。从以上数据中

表 1-10　　　　　　　　2017 年大盘纪念币内部市场价格涨跌统计表

币种分类	币种数量（个）	2018年底市场价总值（亿元）	2017年底市场价总值（亿元）	价格变化绝对值（亿元）	与2017年相比的变化幅度（%）
上涨币种	270	124.68	111.36	13.32	11.96
下跌币种	1 725	522.76	606.16	-83.40	-13.76

可以看到，在 2017 年大盘纪念币市场交易价格的变动中，下跌的总能量大于上涨的总能量。

零售价溢价率（市场价与零售价的比值 S/L 值）是评价贵金属币增值状况的重要直接指标。2017 年大盘纪念币零售价溢价率的分布情况见表 1-11。

表 1-11　　　　2017 年大盘纪念币零售价溢价率（S/L 值）分布状况统计

零售价价溢价率（S/L 值）分布区间	币种枚数（个）	占比（%）
100≤零售价溢价率	13	0.65
50≤零售价溢价率<100	34	1.70
25≤零售价溢价率<50	50	2.51
10≤零售价溢价率<25	192	9.62
5≤零售价溢价率<10	300	15.03
3≤零售价溢价率<5	334	16.73
2≤零售价溢价率<3	270	13.53
1≤零售价溢价率<2	347	17.38
零售价溢价率<1	456	22.85

如表 1-11 所示，在 2017 年大盘纪念币中，零售价溢价率（S/L 值）呈现金字塔形分布，既随着 S/L 值的不断提高，在相应区间内的币种加速减少。其中值得关注的是在这个板块内有 456 枚币种跌破零售价，占比为 22.85%，属于收藏投资价值不佳的重灾区。

2. 纪念币内典型板块的运行状况

2017 年大盘纪念币内部 38 个不同板块的运行状况见附表 1-11，对这些板块的简化分析见表 1-12。

表 1-12　　2017 年大盘纪念币内部不同板块的运行状况统计

分析分类	板块分类	2018 年与 2017 年相比的价格变化幅度（%）	料价币（S/BD 值）变化幅度（%）	投资价值综合评级指标（BH 值）变化幅度（%）	价格变化能力系数
整体上涨板块	纪念钯币	3.55	-13.46	5.75	1.440
	贺岁币	29.96	63.11	167.41	4.721
整体下跌板块　价格下跌最少的板块	特大规格币种	-0.71	-1.20	-2.89	11.371
	青铜器	-3.43	-2.35	-8.06	2.346
	中国杰出历史人物	-4.34	-16.38	-3.24	1.855
	双金属币	-5.99	-7.66	1.23	1.345
	大规格币种	-6.05	3.31	-3.89	1.332
整体下跌板块　价格下跌最大的板块	中国古典文学名著	-11.96	-11.41	-10.93	0.673
	生肖	-13.41	-11.76	-15.72	0.600
	京剧艺术	-15.46	-15.48	-16.31	0.521
	小规格币种	-16.90	-18.38	-3.97	0.476
	中国传统文化	-23.21	-23.40	-29.01	0.347
老精稀与新精品板块	老精稀	-9.21	-10.89	-11.57	0.875
	新精品	-7.92	-8.22	-10.37	1.017

如表 1-12 所示，在上述 38 个不同板块中，只有"贺岁币"和"钯币"的市场交易价格录得整体上涨，其他 36 个板块整体的市场交易均处于下跌状态。

在市场交易价格整体下跌的板块中，下跌幅度最小的前五位板块分别是："特大规格币种""青铜器""中国杰出历史人物""双金属币"和"大规格币种"。下跌幅度最大的后五位板块分别是："中国传统文化""小规格币种""京剧艺术""生肖币"和"中国古典文学名著"。

在市场关注的"老精稀"和"新精品"方面，"老精稀"的市场交易价格跌幅为 9.21%，不但大于"新精品"的跌幅，同时也大于 2017 年纪念币板块的整体跌幅，收藏投资价值大幅下降，价格变化能力系数录得 0.875，对 2017 年大盘纪念币的市场交易价格产生了一定的向下拉拽作用。

另外从附表 1-11 中还可以看到如下一些规律：①按贵金属材质分类，银币的下跌幅度最大。②按重量规格分类，一般规格币种跌幅最大。③按发行时间分类，呈现两端高中间相对较小的分布。④按九大项目主题分类，"生肖币"的跌幅最大。

综合以上对 2017 年大盘纪念币内部不同板块的分析，可以发现一个最基本的规律，就是在 2018 年的市场运行中，贵金属变动成本溢价率（S/BD 值俗称料价比）越高的币种跌幅越大。数据表明，在弱市中 S/BD 值较低币种的市场价格已经受到贵金属价值有力支撑，而 S/BD 值较高币种的市场交易价格仍处于价值回归过程中。

3. 纪念币内典型币种的运行状况

分析 2017 年大盘纪念币内部典型币种的运行状况是一项相对复杂的工作。为从中寻找一些基本规律，将 2017 年大盘纪念币的 1 995 个币种分为了表现较优和表现较弱的两种情况。

对表现较优的币种设定了三个基本条件：第一，货币贬值幅度比较值（HBZ 值）大于 1，即币种的增值幅度跑赢了货币贬值速度。第二，在"中国现代贵金属币文化艺术价值问卷调查活动"中文化艺术价值的总体评价处于优秀和良好状态，即币种的文化艺术价值得到社会的基本认同。第三，在 2018 年市场交易价格的变化中，市场价格涨跌能力系数大于 1，即在 2018 年中，币种的交易价格变化对 2017 年大盘的价格走势产生了正向贡献。

对表现较弱的币种也设定了三个基本条件：第一，货币贬值幅度比较值（HBZ 值）小于 1，即币种的增值幅度没有跑赢货币贬值速度。第二，在"中国现代贵金属币文化艺术价值问卷调查活动"中文化艺术价值的总体评价处于中等和较弱状态，即社会对这些币种文化艺术价值的认同度相对较低。第三，在2018年市场交易价格的变化中，市场价格涨跌能力系数小于1，即在2018年中，币种的交易价格变化对2017年大盘的价格走势产生了负向拉拽作用。

（1）表现相对较优的币种。

在2017年大盘纪念币中表现相对较优的前100个币种名录见附表1-12，对它们的分类统计见表1-13。

表1-13-1　　　　2017年大盘纪念币表现较优币种的分类统计

按项目题材分类	熊猫	生肖	历史事件	历史人物	文化	体育	风景名胜	其他
币种数（个）	5	27	2	7	51	4	2	2

表1-13-2　　　　2017年大盘纪念币表现较优币种的分类统计

按币种材质分类	金	银	铂	双金属
币种数（个）	63	22	12	3

表1-13-3　　　　2017年大盘纪念币表现较优币种的分类统计

按币种重量规格分类	特大	大	中	一般
币种数（个）	1	23	26	50

表1-13-4　　　　2017年大盘纪念币表现较优币种的分类统计

按发行时间分类	1979~1999年	2000~2010年
币种数（个）	78	22

从表1-13中可以看到在这100个币种中：①按项目题材分类，"文化类"占比最大，为51.00%。②按币种贵金属材质分类，"金币"占比最大，为63.00%。③按币种重量规格分类，"一般规格"占比最大，为50.00%。④按发行时间分类，"1979~1999年"占比最大，为78.00%。归纳上述统计结果，是否可以看到在这100个币种中1979~1999年区间发行的"文化"类项目一般规格金币品种表现相对较优。

（2）表现相对较弱的币种。

在 2017 年大盘纪念币中表现相对较弱的后 100 个币种名录见附表 1-13，对它们的分类统计见表 1-14。

表 1-14-1　　　　　　2017 年大盘纪念币表现较弱币种的分类统计

按项目题材分类	熊猫	生肖	历史事件	历史人物	文化	体育	风景名胜	珍稀动物	其他
币种数（个）	34	22	12	5	8	10	5	1	3

表 1-14-2　　　　　　2017 年大盘纪念币表现较弱币种的分类统计

按币种材质分类	金	银	铂	双金属
币种数（个）	24	69	6	1

表 1-14-3　　　　　　2017 年大盘纪念币表现较弱币种的分类统计

按重量规格分类	大	中	一般	小
币种数（个）	5	16	73	6

表 1-14-4　　　　　　2017 年大盘纪念币表现较弱币种的分类统计

按发行时间分类	1979~1999 年	2000~2010 年	2011~2017 年
币种数（个）	36	36	28

从表 1-14 中可以看到在这 100 个币种中：①按项目题材分类，"熊猫"占比最大，为 34.00%。②按币种贵金属材质分类，"银币"占比最大，为 69.00%。③按币种重量规格分类，"一般规格"占比最大，为 73.00%。④按发行时间分类，"2000~2011 年"占比最大，为 64.00%。归纳上述统计结果，是否可以看到在这 100 个币种中 2000~2011 年区间发行的一般规格银币品种表现相对较弱。

综合以上分析，虽然在 2018 年大盘发行存量内部的不同板块中呈现出涨跌互现和优弱交错的状态，但是从总体上观察这个板块的表现不尽如人意，仍然处于价值回归和深度调整之中。如何激活这部分发行存量是我国金币市场面对的重大课题，值得认真分析研究。

第二章 市场其他经营活动运行状况

第一节 钱币鉴定评级市场运行状况

在我国的钱币市场中,钱币的鉴定评级属第三方增值服务,它在抑制假币流通,维护市场秩序,简化交易环节,降低交易成本,提高交易效率,提供标准化交易便利,活跃钱币市场等方面可起到积极作用。

随着市场发展需要,近些年来在我国的钱币鉴定评级市场中,完整的钱币鉴定评级概念已经开始发生分化,出现了只进行钱币的真伪鉴定而不对钱币的品相进行评价的新模式,这种钱币一般具有认证标志,可以通过钱币鉴定评级公司的官方网站进行认证查询,被称为认证封装币(简称"封装币")。具有完整钱币鉴定评级概念的钱币简称为评级币。

一、钱币鉴定评级市场运行状况数据

2016～2018年钱币鉴定评级市场运行状况的统计数据见附表2-1。以下将重点披露2018年钱币鉴定评级市场规模、内部结构变化和不同币种的占比结构数据。

(一) 2018年钱币鉴定评级市场状况

2018年钱币鉴定评级的数量统计见表2-1。2016~2018年钱币鉴定评级总量变化见图2-1。

表2-1　　　　　　　2018年钱币鉴定评级增量数据统计

分类		金属币（万枚）				纸币（万张）			合计
		古币	近代机制币	现代金银币	现代流通币硬币（包括普通纪念币硬币）	流通纸币	普通纪念币纸币	其他纸币	
总量	数量	96.03	103.85	140.25	107.00	453.18	51.34	50.09	1 001.75
	占比（%）	9.59	10.37	14.00	10.68	45.24	5.13	5.00	100.00
评级币	数量	64.46	75.63	44.66	47.51	181.36	24.61	36.14	474.36
	占比（%）	13.59	15.94	9.41	10.02	38.23	5.19	7.62	100.00
封装币	数量	31.57	28.22	95.60	59.49	271.82	26.74	13.96	527.39
	占比（%）	5.99	5.35	18.13	11.28	51.54	5.07	2.65	100.00

注：表中数据由原始数据计算而得。

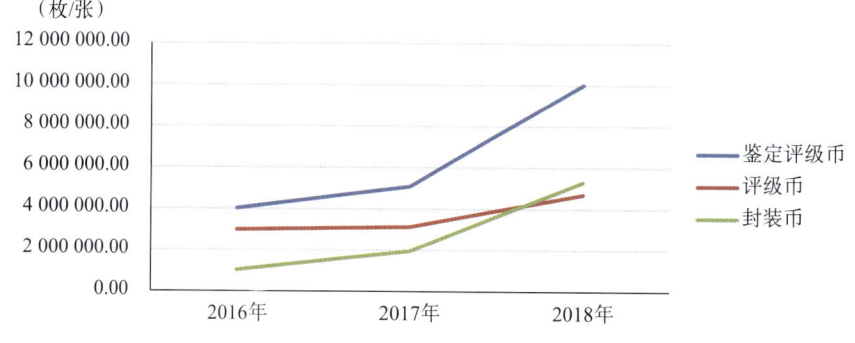

图2-1　2018年钱币鉴定评级市场年度变化统计

如表 2-1 所示，2018 年我国钱币鉴定评级市场实现鉴定评级数量为 1 001.75（万枚或万张），其中评级币 474.36（万枚或万张），封装币 527.39（万枚或万张），封装币总量超过评级币 11.18%。

从 2016 年"中国现代贵金属币信息分析系统"开始统计我国钱币鉴定评级市场发展规模的数据中可以看到，我国钱币鉴定评级市场正以较快的速度发展。如图 2-1 所示，在 2017 年快速发展的基础上，2018 年与 2017 年相比又录得 96.55% 的整体增长速度，其中，评级币增长 51.31%，封装币增长 168.35%。封装币的增长速度大大高于评级币，属于爆发性增长。数据表明我国钱币鉴定评级市场的发展仍处于高速增长阶段，特别是封装币的发展规模十分惊人。

（二）2018 年钱币鉴定评级市场结构变化状况

2018 年鉴定评价总量减 2017 年鉴定评级总的增加值为 106.38（万枚或万张），在这个增加值中各个不同币种的贡献度见图 2-2。

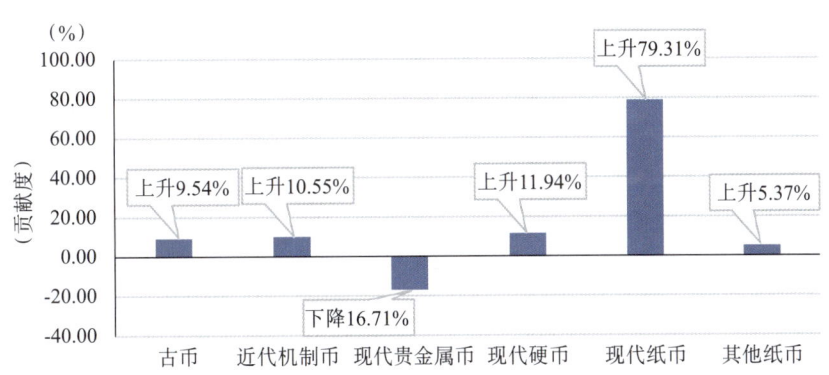

图 2-2 钱币鉴定评级数量年度变化不同币种贡献度统计

如图 2-2 所示，在 2018 年中，虽然"古币""近代机制币""现代硬币"和"其他纸币"在增加值中都有不同程度的贡献，但是"现代纸币"（包括流通纸币和普通纪念纸币）的贡献度高达 79.31%，也就是说在 2018 年与 2017 年相比的增加值中，"现代纸币"的贡献度达到 3/4 强。在这里特别值得关注的是，"现代贵金属币"对增加值的贡献度为负

16.71%，也就是说2018年与2017年相比，"现代贵金属币"的钱币鉴定评级数量不增反降。

为重点披露这种结构变化，以下将重点展现两年来"现代贵金属币"和"现代纸币"的结构变化，详见图2-3和图2-4。

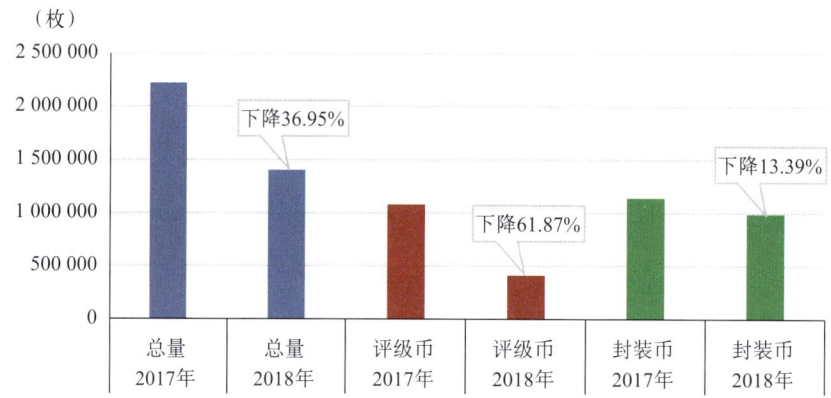

图2-3　2018年与2017年相比现代贵金属币鉴定评级数量变化统计

图2-4　2018年与2017年相比流通纸币鉴定评级数量变化统计

如图2-3所示，2018年与2017年相比，"现代贵金属币"的评级总量下降36.95%，其中评级币下降61.87%，封装币下降13.39%。数据表明评级币的数量下降是拉拽"现代贵金属币"鉴定评级总量下降的重要原因。

如图2-4所示，2018年与2017年相比，在"流通纸币"的增量中，封装币起到了至关重要的作用。

(三) 各币种鉴定评级占比结构

截至2018年底各币种鉴定评级占比结构见图2-5。

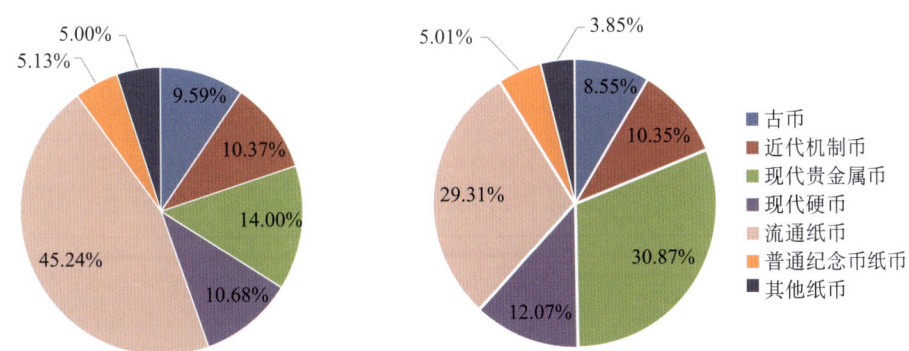

各币种2018年鉴定评级数量占比结构　　2016~2018年各币种鉴定评级数量占比结构

图2-5　钱币鉴定评级各币种占比结构图

如图2-5所示,在2018年的钱币鉴定评级总量中,"流通纸币"已经成为市场的主体。但是在2016~2018年的钱币鉴定评级总量中,"现代贵金属币"仍然占据最大份额。

二、现代贵金属币鉴定评级市场运行状况数据

(一) 鉴定评级量变化状况

"现代贵金属币"鉴定评级的数据见附表2-2。2018年的数据见表2-2。

表2-2　　　　现代贵金属币2018年评级数量统计

等级	评级币（枚）						合计
	金币	银币	铂币	钯币	双金属币	无法分解	
合计	280 356	1 079 129	1 195	150	7 411	34 298	1 402 539
70—源泰100—国衡100—99	28 939	151 523	245	8	391	0	181 106

— 45 —

续表

等级	评级币（枚）						合计
	金币	银币	铂币	钯币	双金属币	无法分解	
69—源泰99—国衡98—97	25 394	83 323	705	94	1 299	0	110 815
68—源泰98—国衡96—95	8 939	31 517	133	35	1 501	0	42 125
67—源泰97—国衡94—93	6 292	14 257	49	11	2 022	0	22 631
66—62—源泰96-92—国衡92—82	5 360	30 092	62	1	936	0	36 451
无级别	822	18 265	1	1	42	34 298	53 429
封装币	204 610	750 152	0	0	1 220		955 982

注：①目前在我国钱币鉴定评级市场中主要使用的有70分标准体系、源泰的100分标准体系和中金国衡的100分标准体系。在表2-2"评级标准等级"一览表中，三个标准平行排列，一方面显示三个不同标准体系的对应关系，同时反映表中数据来源于使用以上三个标准进行鉴定评级的产品数量汇总。

②表中数据由原始数据计算而得。

如表2-2所示，2018年"现代贵金属币"实现鉴定评级总量为140.25万枚，其中评级币44.66万枚，封装币95.60万枚。从附表2-2中可以看到，到2018年"现代贵金属币"的鉴定评价总量达到818.13万枚，占全部发行币种实际铸造量的6.75%。

"中国现代贵金属币信息分析系统"是从2014年开始统计"现代贵金属币"的鉴定评级数据。2014～2018年"现代贵金属币"鉴定评级的变化见图2-6。

如图2-6所示，2014年后"现代贵金属币"的年度规模迅速扩大，2016年达到市场发展的顶峰，2016年后开始掉头向下，出现年度鉴定评级规模持续下行的态势。2018年与2017年相比，总量下降36.95%，其中，评级下降61.87%，封装币下降13.39%。

（二）鉴定评级内部结构状况

2018年"现代贵金属币"鉴定评级的内部结构见图2-7。

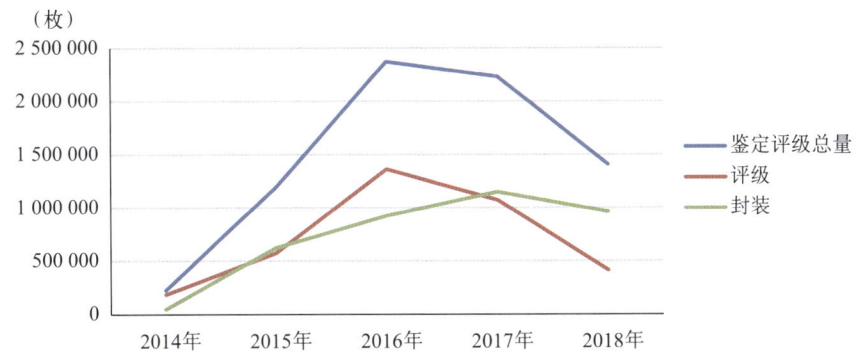

图 2-6　现代贵金属币鉴定评级年度变化走势

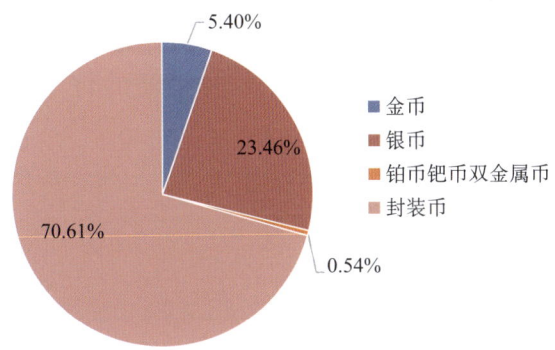

图 2-7　现代贵金属币 2018 年鉴定评级内部结构

如图 2-7 所示，从 2018 年"现代贵金属币"鉴定评级结构来看，在评级币中，金币占 5.40%，银币占 23.46%，铂币占 0.09%，钯币占 0.01%，双金属币占 0.44%，封装币占 70.61%。

全部"现代贵金属币"鉴定评级的内部结构见图 2-8。

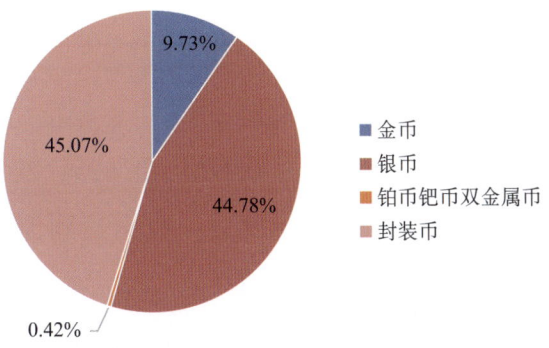

图 2-8　全部现代贵金属币鉴定评级内部结构

如图 2-8 所示，从"现代贵金属币信息分析系统"统计的全部"现代贵金属币"的鉴定评级结构来看，在评级币中，金币占 9.73%，银币占 45.07%，铂币占 0.12%，钯币占 0.04%，双金属币占 0.27%，封装币占 44.78%。

通过以上数据可以看到，评级币的币种结构与币种的发行量基本匹配。由于封装币快速发展，它在逐步成为整个"现代贵金属币"鉴定评级币的主体。

（三）评级币出分结构状况

为简化起见，以下将主要展现在不同年度的评级数量中 70 级和 69 级的出分比例，数据结果（V）=（70 级评级量）/（69 级评级量），详见图 2-9。

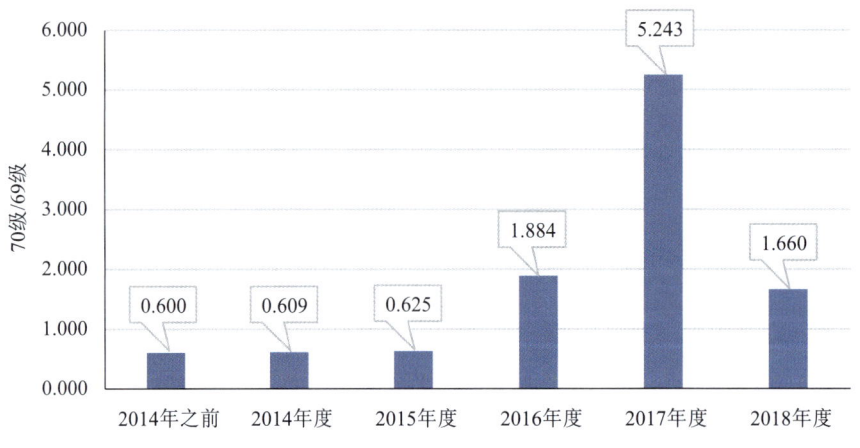

图 2-9　70 级/69 级的出分结构变化

如图 2-9 所示，在 2014 年之前至 2015 年，年度出分结构"（70 级评级量）/（69 级评级量）"稳定在 0.600~0.625，2016 年度开始出现大幅上涨，数据录得 1.844，2017 年度这一数据达到惊人的 5.243，2018 年度开始出现理性回归，数据录得 1.660。

综合以上数据，在"现代贵金属币"的鉴定评级市场中，有如下问题值得认真研究思考：①为什么近年来评级币和封装币的数量会出现程度不同的下降？②目前封装币正在逐渐成为鉴定评级币的主体，说明了什么发展趋势？③"（70级评级量）/（69级评级量）"出分比例大幅变化的原因是什么？出分比例过高是否符合市场规律？这些情况对"现代贵金属币"鉴定评级市场的健康发展有何影响？

第二节 钱币拍卖市场运行状况

钱币拍卖是我国现代贵金属币进行价值转换的重要方式之一。特别是随着"互联网+"新经济形态的发展和钱币鉴定评级的逐步普及，钱币的网络拍卖发展迅速。

一、拍卖市场运行状况数据

根据对29家拍卖公司和864场拍卖会的数据跟踪，2018年现代贵金属币拍卖的数据统计见附表2-3，2016~2018年拍卖成交额的变化见图2-10。

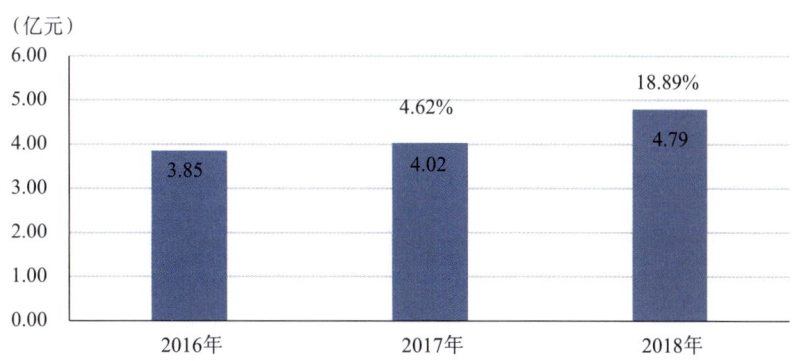

图2-10 2016~2017年现代贵金属币拍卖总量变化趋势

— 49 —

从附表2-3中可以看到2018年上拍现代贵金属币共计11.31万枚套，成交拍品10.47万枚套，成交率为92.54%，成交总金额折合人民币4.79亿元。

如图2-10所示，随着网络和微信等信息渠道的加速扩展，2016~2018年现代贵金属币的拍卖总规模在不断上升，2018年与2017年相比提高18.89%，显示出增势不断加强的态势。

二、拍卖结构数据

（一）拍卖渠道和方式状况

实现2018年现代贵金属币拍卖规模的渠道和方式统计见图2-11。

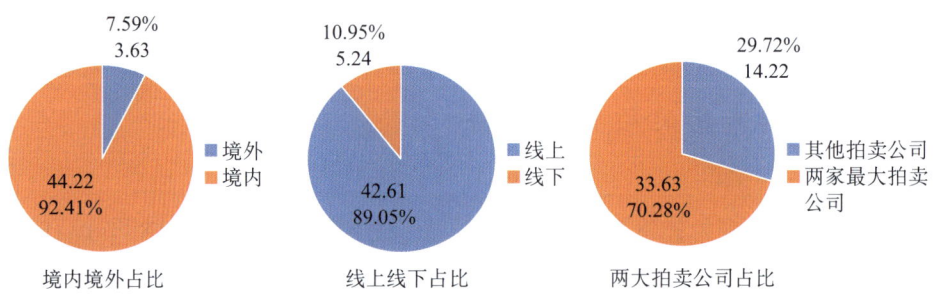

图2-11　2018年现代贵金属币拍卖结构分布

如图2-11所示，在2018年现代贵金属币的拍卖中，境内实现拍卖44.22亿元，占比为92.41%，境外实现拍卖3.63亿元，占比为7.59%；线上实现拍卖42.61亿元，占比为89.05%，线下实现拍卖5.24亿元，占比为10.95%；两家拍卖规模最大的拍卖公司共计实现拍卖33.63亿元，占整个拍卖规模的70.28%。

数据显示，目前境内和线上已经成为拍卖我国现代贵金属币的主场，而且两家拍卖公司已经占据了绝大部分市场份额，二八规律凸显。

（二）平均成交价格状况

2018年各种拍卖渠道的平均成交价格统计见图2-12。

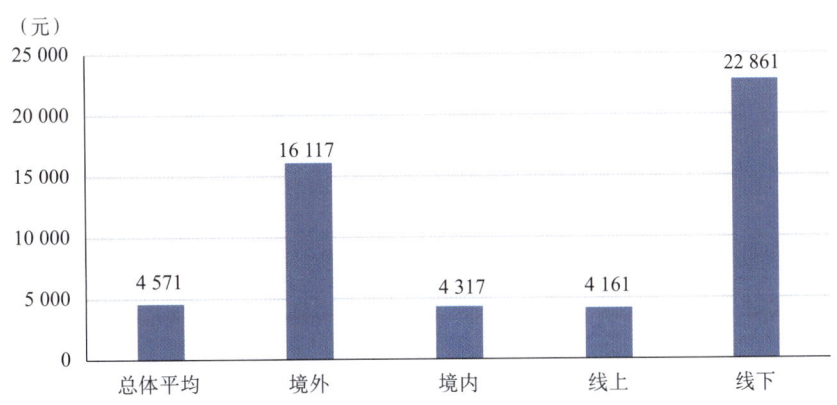

图2-12　2018年现代贵金属币不同形式平均拍卖价格

如图2-12所示，2018年我国现代贵金属币拍卖的平均成交价为4 571元，境内和线上的拍卖平均成交价与这个价格水平基本一致。目前在境外进行的拍卖大多数为现场拍卖，在2018年中境外拍品的平均成交价为1.61万元，线下拍品的平均成交价为2.28万元。数据表明不同的拍卖方式仍在发挥着不同作用，特别是一些价格较高的现代贵金属币大多在线下成交，同时我国现代贵金属币的平均成交价格也揭示了目前我国现代贵金属币的一般消费水平。

（三）拍品的内部结构状况

在2018年现代贵金属币的拍卖市场，各种鉴定评级币和无评级币的拍卖结构见附表2-4和图2-13。

如附表2-4和图2-13所示，在2018年现代贵金属币的拍卖活动中，70分标准体系的拍品占比最高，为66.29%，无评级币的占比次之，为29.10%，国内其他标准体系的拍品占比相对较小。数据表明，在目前的现代贵金属币拍卖活动中，70分标准体系的拍品仍然是市场的主体。

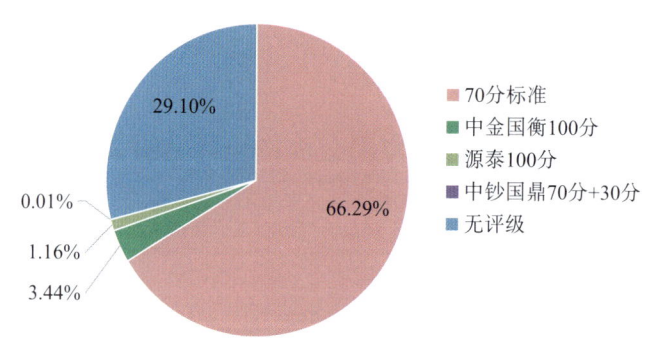

图 2－13　2018 年现代贵金属币拍品结构统计

随着网络技术的发展，我国现代贵金属币的拍卖形式正在发生重大变化，市场竞争加剧，同时也出现一些新问题和新挑战，对此值得认真分析研究和应对。

第三节　国际金币市场和国际国内黄金市场运行状况

一、国际金币市场运行状况数据

2009～2018 年国际官方铸币用金统计见附表 2－5。2018 年国际官方铸币结构见图 2－14。

从附表 2－5 和图 2－14 中可以看到：

（1）2018 年世界各国官方铸币用金共计 212.9 吨，与 2017 年相比上升 16.95%。

（2）2018 年我国官方铸币用金共计 16.2 吨，与 2017 年相比下降 18.69%。在 2018 年世界各国官方铸币的排序中，我国排在第四位。

（3）与 2017 年相比，官方铸币量上升的国家有南非、伊朗、英国、澳大利亚、德国和墨西哥，官方铸币量下降的国家有土耳其、加拿大、

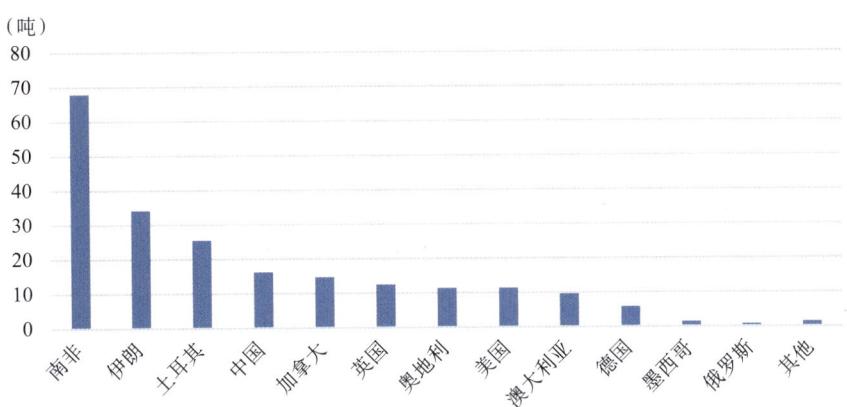

图 2-14　2018 年国际官方铸币用金结构

奥地利和美国。

二、国际国内贵金属市场运行状况数据

2018 年国际国内贵金属交易价格走势的统计见附表 2-6。2018 年与 2017 年相比，国内贵金属价格的变化见图 2-15。

图 2-15　2018 年与 2017 年相比国内贵金属价格变化

从附表 2-6 和图 2-15 中可以看到：

（1）2018 年伦敦黄金在 1 160.10～1 366.05 美元/盎司区间波动，全年平均金价报 1 270.57 美元/盎司，与 2017 年平均金价相比上升 1.23%。

2018年上海黄金交易所黄金在260.75~284.900元/克区间波动,全年平均金价报271.44元/克,与2017年相比下降1.48%。

(2) 2018年伦敦白银在13.870~17.694美元/盎司区间波动,全年平均银价报15.728美元/盎司,与2017年平均银价相比下降8.04%。2018年上海黄金交易所白银在3.365~3.843元/克区间波动,全年平均银价报3.603元/克,与2017年相比下降8.25%。

(3) 2018年国际铂金价格在754.28~1 028.61美元/盎司区间波动,全年平均铂金价格报866.18美元/盎司,与2017年平均铂金价格相比下降9.32%。2018年上海黄金交易所铂金在182.96~223.95元/克区间波动,全年平均铂金价报200.90元/克,与2017年相比下降9.10%。

(4) 2018年国际钯金价格在832.48~1 282.50美元/盎司区间波动,全年平均钯金价格报1 015.49美元/盎司,与2017年平均钯金价格相比上升18.91%。2018年国内钯金在182.42~276.60元/克区间波动,全年平均钯金价格报200.90元/克,与2017年相比上升16.22%。

数据表明,2018年钯金价格出现较大幅度上涨,白银和铂的价格出现一定幅度下跌,黄金价格处于小幅波动。

2009~2018年,国际黄金白银年度加权均价走势见图2-16和图2-17。1979~2008年国际黄金白银年度加权均价走势详见《中国现代贵金属币市场分析报告(2014)》。

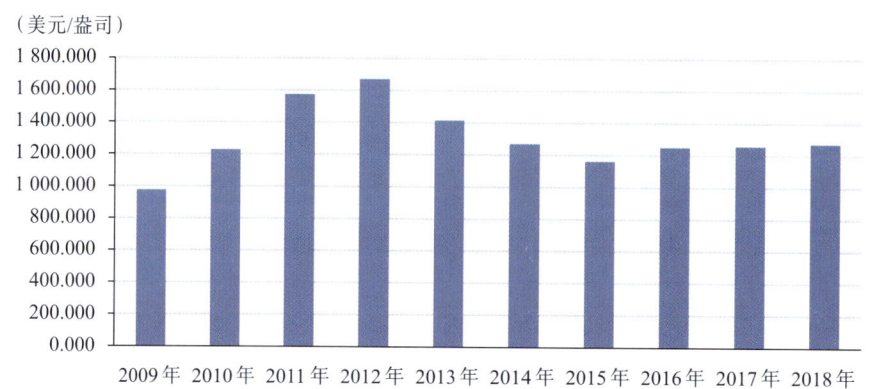

图2-16 2009~2018年国际黄金价格(年度加权均价)走势

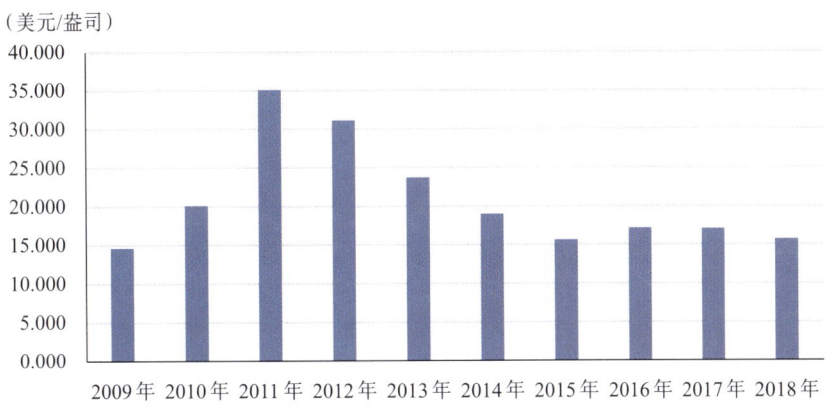

图 2-17　2009~2018 年国际白银价格（年度加权均价）走势

三、国内黄金消费状况数据

2009~2018 年国内黄金消费状况见附表 2-7。2018 年与 2017 年对比的变化见图 2-18。

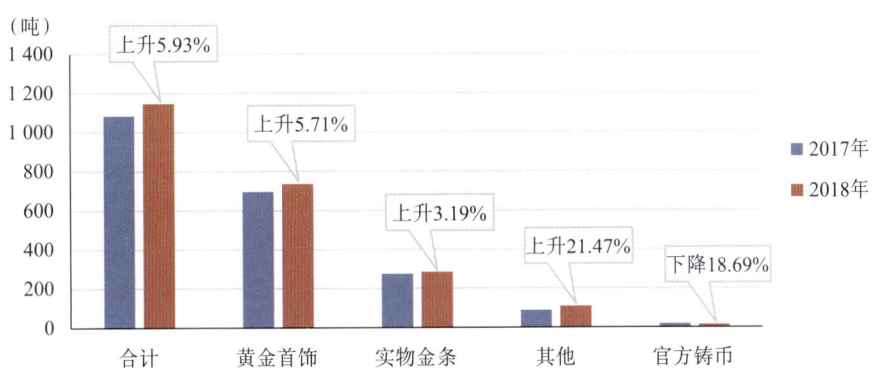

图 2-18　国内黄金消费量 2018 年与 2017 年变化对比

从附表 2-7 和图 2-18 中可以看到：

（1）2018 年国内黄金消费总量 1 147.26 吨，与 2017 年相比上升 5.93%。

（2）从内部的消费结构看，2018 年与 2017 年相比，只有官方铸币用金量下降，其他统计口径均上升。

（3）从内部的消费结构看，2018年官方铸币用金量占国内黄金消费总量的1.41%，占实物金条消费总量的5.69%。

从2018年国内黄金消费的变化趋势看，官方铸币用金量逆势下降的原因值得分析研究。另外，由于实物金条的消费与金币的消费具有相似性，数据表明我国投资金币的市场仍具有巨大的市场发展空间。

中国现代贵金属币市场分析报告
2018
ANALYSIS REPORT

第二部分 分析

第三章 市场运行状况分析

第一节 2018年大盘发行增量分析

2018年大盘发行增量也称2018年板块，是在2018年中的新发币种。对2018年大盘发行增量的分析主要包括市场出现的新动向，市场中存在的急需解决的问题，以及建议的解决对策。

一、市场中出现的新动向

（一）金币市场开始启动新一轮改革创新

2018年我国金币市场开始启动新一轮改革创新，这是2018年金币市场的最大亮点，也是市场出现的最引人注目的新动向。这些亮点和动向主要体现在以下方面。

（1）针对我国金币市场面临的严峻形势，2018年1月19日和3月12日，管理层和国有专营企业先后分别两次召开座谈会。会议以"涵养市场、提振信心，促进金币市场高质量发展"为主题，广泛听取社会各界人士对健康有序发展我国金币的改革创新建议。在4月9日召开的国有专营企业工作会议上，根据市场发展需要和社会各界人士的建议，提出了"以市场为导向，聚焦金银币主业，涵养市场，提振信心，规范衍生品管理，营造良好的金币生态"的改革指导思想和一系列具体的改革创新思路。

（2）为贯彻改革创新方针，国有专营企业采取了如下主要措施。

①调整2018年纪念币的供应总量，具体成效见表3-1。

表3-1 　　　　　　　2018年纪念币发行对比分析

分类		与2018年公告量相比变化幅度（％）	于2017年实际相比变化幅度（％）
项目数量		36.36	7.14
币种数量	总量	21.15	-3.08
	金币	12.50	0.00
	银币	28.57	-2.70
铸造数量	总量	-14.72	-15.35
	金币	-36.01	-20.31
	银币	-11.40	-14.64
铸造重量	总量	-33.09	-17.47
	金币	-46.33	-20.44
	银币	-32.25	-17.10

如表3-1所示，虽然由于增加了计划外纪念币项目使项目总数有所增加，但实际发行的币种数量有所下调。其中特别值得关注的是，2018年的实际铸造重量与公告的重量相比下降33.09％，与2017年实际的铸造重量相比下降17.47％。

在具体币种方面，有些币种的实际铸造数量与公告量相比的最大压缩幅度达到50％，这是多年没有出现过的情况。2018年大幅压缩纪念币供应总量的实际举措为提振市场信息打下了一定物质基础。

②对纪念币的设计要素进行试探性调整（见图3-1）。

第三章 市场运行状况分析

正面　　　　　　　　　　背面

图 3-1　中国书法（隶书）金银币

过去一段时间纪念币正面图案设计要素的选择僵化死板，不区分项目主题的立意，正面图案一般都选用标准国徽，很难得到市场的普遍认同。为提高币种的文化艺术价值内涵，提高社会普遍认同度，2018 年在"中国书法艺术（隶书）金银纪念币"项目中，已经开始在正面图案设计要素的选择上进行创新性调整。虽然目前这种调整的力度仍十分有限，但是已经体现出提高纪念币文化艺术价值的发展方向，受到社会普遍支持和点赞。

③推进中国金币零售体系贯彻"三公"原则的尝试。我国的纪念币是在垄断条件下面对公众销售的行政资源类商品。广大收藏投资消费群体对纪念币一级市场零售体系提出的基本要求是必须实行公开、公平和公正的"三公"原则。在 2018 年中，国有专营企业以"中国书法艺术（隶书）金银纪念币"项目为试点，将接近 80% 的配额通过网络直销的方式直接销售给广大收藏投资消费群体，将一级市场与二级市场的价差直接转移到市场终端，维护了广大收藏投资消费的根本经济利益，是进行中国金币市场零售体系贯彻"三公"原则的成功尝试，效果较好，同时也得到市场认同。目前，尽管这项改革举步维艰和困难重重，但是已经展现出今后我国金币市场零售体系的发展方向和曙光。

④对库存积压的滞销纪念币进行销毁前的准备工作。据国有专营企业在西藏林芝召开的有关会议透露，2018 年已将所有不适销的金银币进行了核查统计，并已上报中国人民银行批准后依法依规进行销毁。人们

可以相信，随着这项工作落地，将对处于弱市中的金币市场形成重大利好。

⑤加强改进宣传推广工作。如何不断改进和加强有效的宣传推广工作对发展我国金币市场至关重要。2018年改善金币市场宣传工作最突出的特点是宣传推广与实际销售紧密结合，根据购买终端的不同动机和特点，进行有目标、有节奏的宣传推广，利用大数据对客户进行相对精准的定位，通过应用新技术和多形式多渠道与媒体受众进行直接交流互动，同时与大流量主流媒体实现资源共享的宣传合作。2018年在金币市场宣传方面采取的这些措施有目共睹，促进和提高了新品的市场影响力。

（二）30克普制熊猫金币开始在上金所挂牌交易

我国的贵金属币由投资币（6种普制熊猫币）和纪念币构成。虽然投资币也具有文化艺术价值内涵，但是由于实际的铸造数量较大，它们的市场交易价格一般紧随黄金和白银的价格波动而变化，投资功能凸显。在2018年之前，投资币的市场流通和价值转换大多通过民间市场实现，当然也有效率不高的官方回购。

为逐步解决投资币在市场流通中存在的短板，经中国人民银行批准，2018年9月12日开始试验投资金币在上金所挂牌交易，这是我国金币市场发展中的重大事件和重要官方举措。从目前情况看，普制熊猫金币在上金所挂牌交易至少由以下几点创新。

1. 交易渠道创新

30克普制熊猫金币在上金所挂牌交易，可以补充和完善投资币过去存在的市场流通和价值转换短板。特别是上金所是经国务院批准的官方交易平台，受到国家严格监管，具有公信力。30克普制熊猫金币在上金所挂牌交易实现了交易渠道创新，完善了官方交易渠道和民间交易渠道两种最重要的交易场所，丰富和拓宽了社会公众和资本的投资渠道。

2. 交易方式创新

过去投资币一般属于现货交易，即付款提取现货和卖出现货回收价款。30 克普制熊猫金币在上金所挂牌交易开创了投资币的凭证式交易的先河，即不用提取现货就可在交易平台内进行买卖和交易。这种交易方式创新凸显了投资币的投资功能，更加便利社会公众和资本参与投资币的投资活动。在这里特别值得关注的是，这种交易方式与前几年曾经盛行的邮币卡电子交易平台的封盘投机炒作完全不同，它采用盘内存量完全放开的基本交易制度，有效遏制了资本的恶性炒作。

3. 定价机制创新

我国投资币的销售首先由官方定价，然后通过二级市场的交易实现市场定价。30 克普制熊猫金币在上金所挂牌交易补充和完善了投资币的市场定价机制。2018 年 9 月 12 日 ~12 月 28 日，30 克普制熊猫金币在上金所挂牌交易的升水和场内外差价率状况见图 3 – 2 和图 3 – 3。

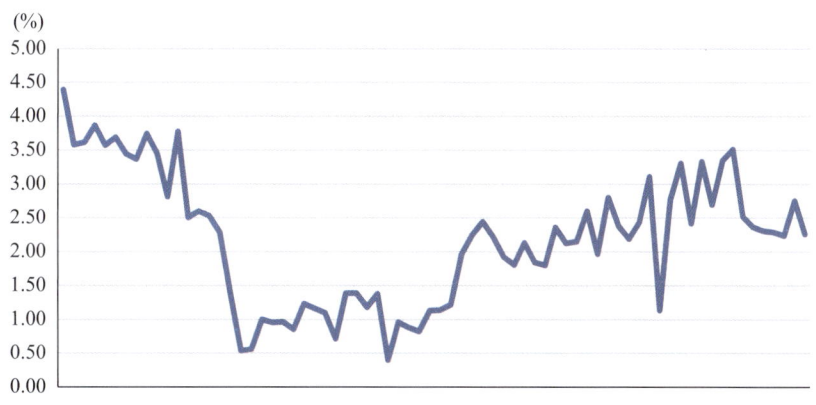

图 3 – 2　上金所 30 克熊猫金币挂牌交易升水走势

目前 30 克普制熊猫金币与金价为基准的官方定价是：批发价升水 4.44%，零售价 5.45%。如图 3 – 2 和图 3 – 3 所示，目前 30 克普制熊猫金币在上金所挂牌 72 个交易日的平均升水为 2.28%，场内外交易的平均价差率为 0.26%。数据表明，一方面，30 克普制熊猫金币在上金所挂牌交易开创了投资币官方线上的市场定价机制，实现了场内外定价机制的有效融合和对接，另一方面，准确客观地勾画出这个币种的市场价格交易水平。

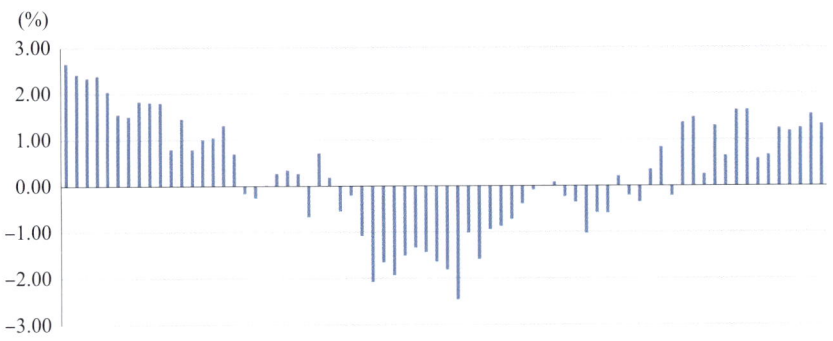

图 3-3 30 克熊猫金币市场内外交易差价分布

综上所述,作为一种新生事物,尽管目前还存在一些需要解决的突出问题,但是 30 克普制熊猫金币在上金所挂牌交易仍然是 2018 年我国金币市场的新变化,值得充分肯定。

(三)纪念币市场形势出现初步回暖态势

如表 1-3 和表 1-5 所示,由于国专营企业采取的改革创新措施,2018 年纪念币零售价总值 30.01 亿元,年底的市场价总值 30.80 亿元,整体上涨 2.65%。尽管这种整体上涨幅度相对较弱,但是已经开始终止 2017 年纪念币全局性跌破批发价的尴尬局面。在 2018 年纪念币板块内部市场交易价格与零售价相比,上涨的币种 36 种,下跌币种 27 种,上涨的总动能大于下跌的总动能。

生肖币是我国纪念币发行的最重要组成部分,其市场交易价格走势具有市场风向标的重要作用。2017 年时"2018 中国戊戌(狗)年金银纪念币"的市场交易价格整体低于批发价 2.03%,显示出市场的极度弱市状况。然而 2018 年发行的"2019 中国己亥(猪)年金银纪念币",到年底时市场交易价格与零售价相比整体录得 0.75% 上涨,市场开始出现初步的回暖迹象。

综合以上数据,经过国有专营企业开始采取的改革创新措施,2018 年新发币种的市场交易状况开始出现新变化,为提振市场信心奠定了初步基础。

二、市场中存在的急需解决的问题

在 2018 年中虽然我国金币市场出现了一些新动向，但也存在一些急需解决的问题。

（一）投资币销量大幅下挫

2018 年我国投资币的实际铸造重量与 2017 年相比的变化见图 3 – 4 和图 3 – 5。

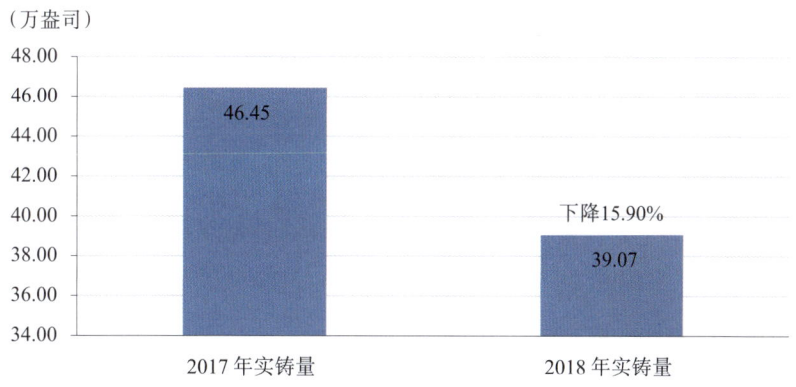

图 3 – 4　2018 年与 2017 年相比投资金币铸造重量变化

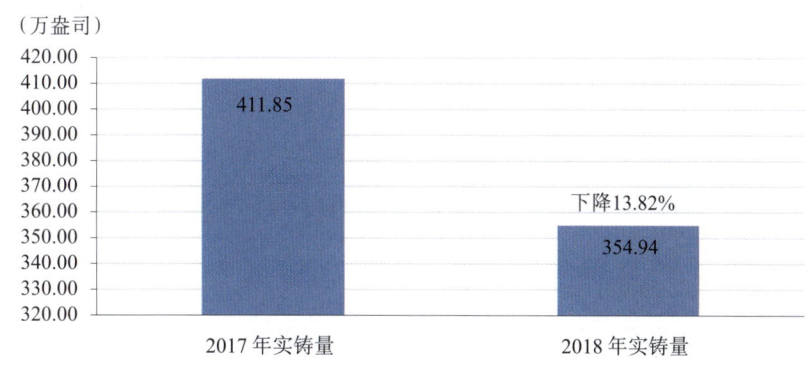

图 3 – 5　2018 年与 2017 年相比投资银币铸造重量变化

如图 3 – 4 所示，2018 年我国投资金币的实际铸造量 39.07 万盎司，与 2017 年相比下降 15.90%，与 2016 年的销售高点相比下降 43.95%。

如图 3-5 所示，投资银币 2018 年的实际铸造量与 2017 年相比下降 13.82%，与 2016 年的销售次高点相比下降 54.00%。数据显示 2018 年我国投资币的市场销售规模全面大幅下挫。

投资币特别是投资金币是我国金币市场最重要的物质基础。纵观目前国内黄金市场的潜力，投资金币具有巨大的市场腾挪空间。从简化角度出发，以下将主要分析投资金币 2018 年销量大幅下降的主要原因。

1. 外部因素

作为一种以投资功能为主的金币产品，市场总需求与外部经济环境密切相关。从 2018 年金币市场的外部环境看：①国内黄金价格走势在 260.75～284.90 克/元区间波动，全年平均交易价格与 2017 年相比下降 1.48%，黄金价格变动对投资金币的市场总需求没有形成支撑。②2018 年国内股市表现不佳，基本没有赚钱效应，带动国内投资类产品整体表现趋弱，投资金币需求下降也受到股市牵连。③国内宏观经济下行压力加大，用于投资的闲钱减少，作为非刚性需求的投资金币来说，市场需求量降低也是必然结果。

2. 内部因素

外因是变化的条件，内应是变化的依据。在同样的外部环境下，2018 年国内实物金条消费量不降反增，说明投资金币销量下降应该有自己独特的内部原因。

（1）零售价格缺乏竞争性。从实物黄金投资商品看，与我国投资金币类似的还有实物金条。目前投资金币与其他商业机构销售的实物金条的价格统计分析见表 3-2。

表 3-2　　　　　　　投资型黄金商品销售价格对比分析

机构分类	机构卖出价格（金价加升水,%）	机构买入价格（金价减降水,%）	买卖差价率（%）
主要商业银行—投资型金条	4.07	1.17	5.24
中金黄金—投资型金条	4.49	0.75	5.24
普制熊猫金币	9.43	0	9.43

注：其他商业机构销售实物金条实行的是固定买卖价格（元），投资金币实行的以金价为基准的固定升水，这个表中的价差率是以 2018 年 7 月 17 日黄金价格 267.31 克/元为基础计算的。当金价上升时，商业机构的实际升水会下降，投资金币的升水将保持不变。

如表 3-2 所示，与实物金条相比，目前我国投资金币零售价的平均升水和官方买卖差价率均为 9.43%，高于其他商业机构相应指标一定幅度。如在表 3-2 注示中提到的，由于其他商业机构实物金条的买卖定价方式与投资金币有很大差别，由此造成随着金价上升，这种竞争性弱势将进一步拉大。

我国投资金币的发行虽然具有一定垄断性，但是在整个实物黄金商品市场中也具有竞争性。在市场竞争中，投资金币作为一种垄断发行的金币，与其他黄金商品相比存在一些市场溢价是合理的，但是这种垄断溢价不易过高。从目前的情况看，市场已经对投资金币的市场竞争弱势做出反应。如何逐步解决投资金币的投资效率相对较低和缺乏竞争性的问题，已经成为扩大投资金币销量需要解决的重要问题之一。

（2）销售体系没有形成合力。金融机构是推动投资金币销售的主力。到 2018 年底与国有专营企业签署战略合作协议参与投资金币销售的金融机构已有 17 家，另外，特许经销商的部分进货也是通过各种金融机构实现销售的，到目前为止，在国内已经形成一个系统庞大和错综复杂的销售网络。按照一般市场规律，销售体系的扩大理应形成"1 加 1 大于 2"的增数效应，但实际发生的情况却是"1 加 1 小于 2"的减数效应。究其原因主要是经销体系和价格体系相对混乱，销售机构之间相互挤压市场空间，有的甚至出现通过降低价格进行非理性竞争，给终端客户造成伤害，购买意愿减弱，需求下降。本来投资金币的经营利润空间就不大，再加上这些无序的市场竞争，降低了一些金融结构的终收预期，减弱了他们参与销售推广投资金币的积极性和力度。这种状况必然会造成销售业绩下降的被动局面。

应该说，目前在投资金币销售体系中存在的问题是发展中的问题，但是如何科学合理地配置投资金币的经销网络，不断加强对这个经销网络的协调与管理，真正形成扩大销售体系的增数效应，也是扩大投资金币销售规模需要解决的重要问题之一。

（3）市场服务没有完全到位。与实物金条不同，投资金币的销售存在一些特殊性，需要对金融机构进行大量专业的培训和辅导，及时解决一线销售人员遇到的各种实际问题。目前国有专营企业的一些推广机构服务能力有限，服务一线的质量不高，不能满足市场发展需要，造成一些销售与服务脱节的被动局面，也是促成一线销售水平和能力下降的重要原因。

实际上销售推广的本质就是服务，如何在投资金币的销售推广中把服务放在首位也是扩大投资金币销售规模需要解决的重要问题之一。

（4）对以往不按市场规律进行销售的修正。在过去几年的市场中经常可以看到一些机构利用信息不对称高于市场一般价格销售投资金币的情况。例如，一套未经封装或评级的熊猫套币，合理的市场价格在1.68万元左右，而有些机构却卖到2万元以上；一套经过评级的熊猫套币，合理价格一般在1.8万元左右，而有些商业机构却卖到2.6万元以上。事实证明，对于投资金币来说，如果一个经营机构不设法让投资者挣钱，他也就很难长期挣钱，这种不顾市场长期发展而追求短期暴利的不理性销售是不可能长久的。据市场调查，在以往几年中被高价忽悠的一些所谓高净值客户已经被深深伤害并远离市场，并且在朋友圈中形成负面的减数效应。因此客观地说，在2018年投资金币销量下降的原因中，也有对这种不规范销售行为的市场修正因素。

如何加强市场信息的透明度，逐步压缩暴利倾销的市场生存空间，也是扩大投资金币销售规模需要解决的重要问题之一。

（5）商业性返熔减少，开始反映市场真实需求。所谓商业性返熔主要是指在目前的投资金币销售中，对特许经销企业有一套积分奖励制度，即在纪念币的配额派发中与购买投资金币的数量挂钩，购买投资金币越多就有可能获得更多的纪念币销售配额。相对于纪念币来讲，投资金币的升水相对较低，返熔损失较小，在纪念币热销时期，有些特许经销企业不是根据实际市场需求买进投资金币，而是通过买入投资金币后立即返熔试图获取更多的纪念币销售配额。这就是所谓的商业性返熔。实际上在这种销售业绩挂钩制度的刺激下，过去几年投资金币的销售规模具有一定水分，在某种程度上没有反应市场真实需求。在2017年末期至2018年中期，由于市场低迷，业绩挂钩的考核激励制度已经减弱了对特许经销企业的吸引力，商业性返熔大幅减少。因此可以说2018年投资金币销售规模的下降也有压缩需求水分的正向因素。

如何调整和完善业绩挂钩的考核激励机制，也是真实反应投资金币实际需求需要解决的重要问题。

（6）销售体系的顶层设计存在缺陷。综合以上影响2018年投资金币销售规模的内部因素，归结到一点就是投资金币零售体系的顶层设计存在缺陷。近几年由于销售投资金币的顶层设计进行了改变，形成了拳头发散，合力不足和内耗加剧的新变化，由此造成集中解决上述问题的难度加大。如何形成科学有效的顶层设计框架，将是不断扩大投资金币销售规模需要解决的基本核心问题。

（二）30克普制熊猫金币在上金所的挂牌交易不尽理想

30克普制熊猫金币在上金所的挂牌交易是我国金币市场发展的重大事件，在实现交易渠道创新、交易方式创新和定价机制创新等方面具有重要意义。作为一种新生事物，在启动阶段存在一些问题也是不可避免的。

2018年9月12日至12月28日，30克普制熊猫金币在上金所挂牌交易的交易量统计见图3-6。

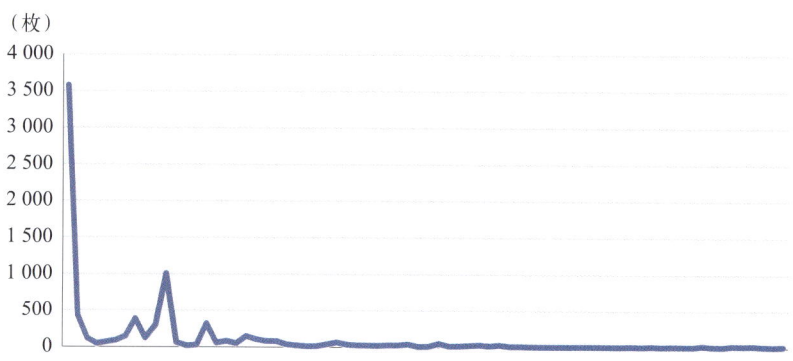

图3-6 30克普制熊猫金币在上金所交易量走势

从图3-6中可以看到，目前30克普制熊猫金币在上金所挂牌交易中存在的最突出问题是交易量与设计预期相差甚远，资本和社会大众参与市场交易的积极性较弱。

分析存在这个问题的主要原因有以下三点。

1. 盈利模式和机制尚未形成

如果作为一种投资标的，吸引资本进场交易的盈利模式和机制必须明确有效。目前在场内进行30克普制熊猫金币交易的只是一些零星散户，没有大的资本介入和对手盘。为什么没有大的资本介入？或者说大的资本为什么要介入这个市场？上金所作为一种以黄金原料交易为主的竞价市场，目前交易最活跃的品种是Au（T+D）。Au（T+D）作为一种期货交易工具投资功能凸显。按照上金所的这个先例，如果30克普制熊猫金币也能够实验性引入期货交易模式，才有可能吸引更大资本关注和介入，否则要想实现交易规模扩大将是很困难的。

2. 场内与场外的商品流通仍不顺畅

30克普制熊猫金币与一般黄金原料最大的不同是它属于国家发行的法定货币，同时具有丰富的文化艺术价值。30克普制熊猫金币在上金所挂牌交易如何突出自己的产品特色也是能否成功的关键。要想突出这个特色，关键要形成商品在场内外顺畅流通的机制和渠道，形成场内与场外收藏投资市场有效的联系与互动。目前30克普制熊猫金币进入上金所只有一个官方的大宗交易窗口，社会存量进入上金所的渠道是封死的。另外，作为一般收藏投资者在场内买入然后提货出场也是困难重重。事实将证明如果不解决场内外商品的顺畅流通问题，30克普制熊猫金币在上金所的交易也就是一种筹码，不会有自己的特色，也不会有大发展。

3. 信息透明度存在缺陷

按照上金所的信息披露原则，目前公布的30克普制熊猫金币的交易信息基本健全，但也存在缺陷。主要问题是大宗交易的进入量没有明细目，商品提货出场的信息没有披露，由此造成交易平台的实时存量非常不透明。作为一个公开、公平和公正的交易平台，如果不解决交易信息完全透明的问题，也很难活跃场内交易。

综上所述，以上三点是引发30克普制熊猫金币在上金所交易不畅的主要问题。如何解决这些问题的核心是目前实行的普制熊猫金币免税政策能否对接以及如何对接上金所的普制熊猫金币交易。希望管理层能够证实和及时解决这些问题，较早实现设计预期和社会期盼。

（三）纪念币市场尚未完全复苏

在我国金币市场顶层设计改革创新的推动下，2018年新发纪念币的市场交易价格开始结束2017年板块整体跌破批发价的弱势状况，出现整体高于零售价2.65%的回升企稳走势。

首先应该肯定这种积极的变化，但也应该看到这种回升走势仍然非常有限和脆弱。2018年新发纪念币内部涨跌状况见表3-3。

表 3-3　　　　　　　　　2018 年板块纪念币涨跌币种统计

分类		数量（个）	对板块价格变动的贡献（亿元）	变化幅度（%）
项目	与零售价相比整体上涨	8	2.92	15.11
	与零售价相比整体下跌	7	-2.22	-19.97
	与跌破批相比整体下跌	6	-1.34	-20.06
币种	与零售价相比上涨	36	3.38	22.23
	与零售价相比下跌	27	-2.58	-17.44
	与跌破批相比下跌	20	-1.65	-15.83

如表 3-3 所示，在 2018 年新发的纪念币中，与零售价相比整体上涨的项目 8 个，整体下跌的项目 7 个，其中有 6 个项目整体性跌破批发价。同样在 2018 年新发的纪念币中，与零售价相比整体上涨的币种 36 个，整体下跌的币种 27 个，其中有 20 个币种跌破批发价。数据表明在 2018 年新发纪念币内部涨跌互现，而且负向的拉拽作用不容小觑。

2018 年纪念币的交易继续呈现高开低走态势，也就是说目前录得的 2018 年新发纪念币整体微弱上涨的走势还要经受一段时间检验，不具备盲目乐观的基础。

2018 年我国金币市场顶层设计的改革创新刚刚开始，一方面，应该看到实施的改革创新措施不可能立即全面见效；另一方面，也应该看到改革创新的进程也不会一帆风顺，亟待解决的不少问题还需要继续攻坚克难，如何促进我国金币市场的稳定复苏还有大量的基础工作要做。

（四）纪念币零售体系顶层设计的瑕疵继续发酵

在 2018 年新发的纪念币中，有些币种的市场表现非常抢眼，其中，最突出的是"港珠澳大桥通车银质纪念币"和"人民币发行 70 周年纪念币"项目中的一公斤银币，见图 3-7。

图 3-7 中的"港珠澳大桥通车银质纪念币"，零售价 480 元/枚，开盘价 1 735 元/枚，到年底时的市场为 2 900 元/枚，在短时间内与零售价

港珠澳大桥通车30克银币　　　人民币发行70周年纪念币一公斤银币

图 3-7　2018 年纪念币中两枚典型的币种

相比上涨幅度高达 5.04 倍。另外，图 3-7 中的"人民币发行 70 周年纪念币"一公斤银币，零售价 9 900 元/枚，开盘价 39 300 元/枚，最高达到 48 000 元/套，到年底回落到 26 500 元/套，是零售价的 2.68 倍。

面对以上两个典型案例，人们自然会提出一系列问题：①这些新发币种为什么会暴涨？②这种表象是供需关系的真实反映还是某些零售体系资本的疯狂投机炒作？③在这些币种暴涨的过程中到底有哪些不为人所知的内幕？④在这些币种价格暴涨的过程中到底谁是最大受益者？谁是最大受害者？⑤这些币种的暴涨是市场发展的稳定器，还是对市场长远发展更大的陷阱和危害？

众所周知，目前在我国纪念币零售体系中，公众可以直接面对的只有中国金币云商平台和直销中心，其他体系和渠道都是面对公众销售的中间环节。设计这个零售体系的初衷可以理解为利用不同商业企业的积极性、影响力和传播力，为宣传普及推广纪念币服务。但目前的实际情况是能够坚守这个宗旨的商业企业已经很少，大多是从自身的经济利益出发，对预期不好的项目和币种低价甩货，对预期较好的项目哄抬物价，投机炒作，甚至有一些商业企业不做任何市场推广工作，已经演化成专门赚取差价的钱币倒爷。这些种情况的结果都是伤害市场，侵害广大收藏消费群体的利益。例如前面提到的两枚典型币种的市场价格已经明显有违纪念币的价值形成规律，其中"港珠澳大桥通车银质纪念币"的市场价一定会理性回归,"人民币发行70周年纪念币"一公斤银币的市场价也有不小的继续下探空间。在这其中挣了钱的商业企业正在暗地里偷乐,对高价接盘的消费终端将又是一次深深的伤害。

以上纪念币零售体系存在的问题只是一种表面现象,作为一个普通的商业企业追求自身最大的商业利益无可厚非,而纪念币零售体系顶层设计存在瑕疵才是问题的关键。

实际上这种瑕疵主要反映在:①国有专营企业似乎已经把纪念币零售体系中的商业企业作为了自己垄断无风险经营蓄水池,不管市场好坏只要把它们批发给了这些商业企业,自己就可旱涝保收。②为了自身的商业利益,只对低价倾销的商业企业进行一些管束,而对高价爆炒的商业企业不但熟视无睹,还为其寻找所谓的"理论依据",甚至暗中操控货源,进行鼓励,制造市场繁荣的假象。③从利益分配结构看,在整个零售价减贵金属不变成本的差价中,82.05%的价差由国有专营企业获得,其他商业企业合计仅获得17.95%。这种状况严重违背一般的商业规律,没有给其他商业企业留出合理的盈利空间,在经济动力上也促使和诱导这些商业企业向一级市场与二级市场之间的差价伸手,侵吞了广大收藏消费群体的增值预期。④综合以上问题的核心是纪念币零售体系的顶层设计是为利益集团服务还是为广大收藏投资消费群体服务。

可能有人会说,没有这些商业企业金币市场的发展将寸步难行。但真实情况是这样吗?举个典型案例,在最近发行的"人民币发行70周年纪念币"50元纸币,其全部由商业银行体系按面额向公众兑换,中间没有所谓的经销商,但是二级市场的交易价格在供需关系的作用下也显示出一定的溢价。实际上否定商业企业的作用有失偏颇,但是市场需要的是培育市场和经营理性的商业企业,而不是胡作非为的商业企业。因此问题的关键是如何从"三公"原则和为广大收藏投资消费群体的根本利益出发,构建有效完善的纪念币零售体系的顶层设计架构。

我国发行的纪念币与社会上的一般艺术收藏品有着很大不同,它是利用政府行政资源垄断发行的纪念商品。贯彻"三公"原则和保证收藏投资消费的根本利益，是对发售这种商品提出的最基本要求。如何改革完善我国纪念币零售体系的顶层设计值得思考。

三、建议的解决对策

2018年我国金币市场开始出现的一线曙光是管理层和国有专营企业开始进行改革创新的结果。逐步解决目前存在的一些问题仍然需要继续推进改革创新，需要将改革创新的步伐推向深水区，通过改革创新要出路和找希望。

（一）改革创新指导思想

发展我国金币市场指导思想的改革创新看似虚幻，但它却是梳理解决一切问题的根本。

我国的现代贵金属币是一种以货币形式出现、以贵金属为载体、用于收藏或投资的商品，不具备现代信用货币的流通职能。这种商品与其他商品的根本区别是由政府面对公众垄断发行，在经济上属政府行政资源类产品。国家发行现代贵金属币的根本目的是反应国家意志，宣传国家发展，弘扬中华文化，丰富钱币市场，落实藏金于民，满足收藏鉴赏。明确我国现代贵金属币的基本性质和发行目的将是改革创新指导思想的出发点和归宿。

根据以上现代贵金属币的基本性质和发行目的，我国发行现代贵金属币的指导思想应该是以收藏投资及消费群体为中心，由低质量向高质量转型，积极改善市场生态环境，努力兑现市场参与者之间的经济利益均衡，真正实现我国金币市场的长期健康稳定发展。失去这个核心指导思想，我国金币市场的发展就是无源之水和无本之木。

我国现代贵金属的发行管理现状与上述指导思想进行对比，仍然存在一定差距。这些差距突出表现在：①发行的目的不够明确，似有为发行而发行的倾向。②发售制度存在瑕疵，在贯彻"三公"原则方面存在较大差距。③市场参与者的利益分配不尽合理，在保证收藏投资消费群体根本利益方面存在短板。

综上所述，发展我国金币市场指导思想的改革创新应以问题为导向，以改革调整各种利益关系为抓手，以维护广大收藏投资消费群体的根本利益为出发点，紧随国家深化经济体制改革的步伐，通过改革和创新实现我国金币市场的长期健康稳定发展。

（二）改革创新发展战略

我国的现代贵金属币分为投资币和纪念币，这两者在发展我国金币市场中的地位和作用是完全不同的。所谓发展战略的改革创新就是要把工作重心转向投资币特别是投资金币。

1. 关于投资金币

投资金币是我国金币市场最重的物质基础，可以发挥藏金于民的重大作用，同时投资金币的发展也可以扩大纪念币的发展空间。

大力发展投资金币首先要转移管理层和国有专营企业的工作重心。为此要真正把领导重心、精力重心、人力重心和资源重心转移到发展投资金币的事业上来。没有工作重心的转移，就很难成就投资金币大发展的局面。

我国黄金市场的发展潜力巨大。在这个大趋势下，我国投资金币的销售规模不增反降，为此应该有针对性地研究和反思其中的深层次原因。要采取措施解决在产品结构、定价方式、定价水平、网络布局、销售服务、价格管控和市场管理等方面存在的问题，努力提高投资金币的市场竞争优势，扩展巨大的市场发展空间。

30克普制熊猫金币在上金所的挂牌交易是发展我国投资金币的重大举措。为此要在盈利模式、场内外顺畅流通和信息透明度等方面有针对性地解决目前造成交易量低迷的关键问题，通过切实有效的措施尽早达到设计预期，并通过30克普制熊猫金币在上金所的靓丽表现扩大投资金币的市场影响力。

我国的投资金币已经发行38年，2016年曾经达到过69.71万盎司的年度最高铸造规模，但近年来又掉头大幅下降。市场期望通过改革创新发展战略实现发行规模的大幅增长。何时能够实现100万盎司的年度销售规模，人们将拭目以待。

2. 关于纪念币

按年度计算，我国虽然不是官方铸币量的最大国家，但已经是纪念币发行量最大的国家。目前，我国每年发行的纪念币项目大约在15个，似有拼凑之嫌。在这些项目中有的题材质量不高，市场认同度较低，必要性不强，文化艺术价值减弱，不利于我国纪念币项目题材资源的保护性开发，并形成整个工作精力向纪念币倾斜的不妥倾向，造成我国金币市场发展战略的顾此失彼。

为了解决这个突出问题，应该大幅度压缩目前纪念币项目的发行规模，不能为发行而发行，不能按企业盈利预期规划发行项目，可发可不发的项目坚决不发，必须要发行的项目要搞精搞细，努力提高文化艺术价值和市场认同度，加强纪念币发行的严肃性，不能走邮票发行的道路，通过大幅压缩纪念币项目，真正实现把主要工作重心转移到发展投资金币上来。

综上所述，我国金币市场发展战略的改革创新就是要把大力发展投资金币作为关键的突破点和牛鼻子，降低在发行纪念币上的精力投入，努力实现我国金币市场的更大发展。

（二）改革创新纪念币发售管理体制

改革创新纪念币的发售管理体制主要是改革利益关系、风险关系和确保收藏投资消费群体的根本利益。

1. 改革批发价和零售价的定价机制

目前在纪念币的价格体系中，零售价与贵金属成本之间的价差有82.05%的份额由国有专营企业占有，其他商业机构仅占17.95%，显然不太符合一般市场规律。为此应该加强对垄断经营企业的价格监管，实行有监管的企业自主定价，合理调节一级市场内经营者之间的利益关系，促使垄断经营企业通过努力实现社会平均利润，避免形成暴利，最终实现让利于民和调动中间经营者的积极性。

2. 明确零售价的性质

我国的现代贵金属币是国家授权央行发行的行政资源类商品，不是任何其他利益集团的私有商品。因此应该明确纪念币的零售价就是广大收藏投资消费群体在一定规则下获得这种商品的标准价格。在一级市场的发售中，任何商业企业都无权逾越这个价格，要把一级市场与二级市场的价差全部让利给普通收藏消费者，避免一级市场中的商业企业在一级市场与二级市场的价差中谋取不当利益。应该明确一级市场与二级市场之间的差价是在供需关系的作用下由市场规律形成的，不是一级市场零售体系的功能，所谓"一级半"市场的理论是荒谬和站不住脚的，是在为目前纪念币零售体系的瑕疵寻找借口。当然也要向收藏投资消费群体说明，用零售价购买的纪念币有可能获得正向收益，但也要面对可能出现的亏损，不会包赚不赔。

3. 管控风险转移

对于发行的纪念币来说，如果发行的项目能够得到市场认同，在一级市场与二级市场之间一般都会形成正向利差，此时这个项目的销售一般都比较顺畅甚至出现供不应求的状况。面对这种情况，这个项目的所有参与者都会皆大欢喜。但是也有可能出现发行的项目没能得到市场的普遍认同，需求量小于供给量，出现一级市场与二级市场之间的反向价差，此时将会出现经营风险。那么这种经营风险应该由谁承担？目前这种由国有专营企业决策不当造成的经营风险一般都转嫁给了一级市场的商业企业，在国有专营企业与一级市场商业企业之间形成利益链条，也就是说商业企业在为国有专营企业的决策不当买单，这也正是目前国有专营企业依赖一级市场商业企业的根本原因和动力。为此应该斩断国有专营企业与一级市场商业企业之间的这种利益关系。由经营决策不当产生的经营风险应由国有专营企业自行承担，也就是说卖不出去的货可以退回。如果按照这个基本原则办事，一方面可以提高国有专营企业的经营风险意识，另一方面也可以理直气壮地严格管理商业企业的销售行为。

4. 改革销售办法

按照以上基本原则和思路，应该大幅调整目前纪念币的发售办法。首先可以利用"中国书法艺术（隶书）金银纪念币"大幅提高直销比例的成功经验，将所有纪念币项目至少80%以上的配额用于面对公众的直销。在利用金融机构网络销售时采用代销制，严格管控和规范金融机构的销售行为。同时对特许经销体系进行彻底改革和调整，保留培育市场、发展群体和理性经营的优质经销商，清除坐地倒卖的钱币贩子。通过以上销售办法的改革，将可为净化一级市场的生态环境、维护收藏投资消费群体的利益打下基础。

5. 改革经销机构布局

为了满足扩大直销比例的需要，现有的中国金币云商平台和直销中心已经无法适应，为此应该组建专门的纪念币直销中心，在国有专营企业下形成经营投资币、纪念币和专责文化宣传的三个支柱企业。目前的其他企业逐步退出经营后向以服务为主的职能转变。

综上所述，以上纪念币发售管理体制的改革创新将涉及利益关系的重大调整，一定会遇到各种困难和阻力，绝对不会一帆风顺和一蹴而就。但是为了中国金币事业的长远发展，又必须逐步实施。只有按着这个方向改革创新成功，我国的金币事业才有希望。

在以上部分中阐述的建议解决方案是根据当前存在的突出问题有针对性地提出的，核心是改革调整各种利益关系，最终兑现发行现代贵金属币的根本宗旨和目的。

第二节 2018年大盘发行存量分析

2018年大盘发行存量也称2017年大盘，是指中国人民银行1979～2017年发行现代贵金属币的集合。对2017年大盘的分析主要包括2017年大盘的主要运行状况、形成原因以及如何激活发行存量等问题。

一、市场运行状况分析

在本书第一章第三节中，已经对2017年大盘的数据进行了详尽披露。为深入分析2017年大盘的市场运行状况，现将其中的重要数据进行了汇总，见表3-4。

表3-4　　　　　　　　2017年大盘运行状况分析

指标	分类		2018年	2017年	2018年与2017年相比的变化幅度（%）
价格走势（亿元）	2017年大盘		1 332.58	1 449.28	-8.05
	投资币		685.14	731.76	-6.37
	纪念币		647.44	717.52	-9.77
纪念币	币种（种）	上涨币种	270	778	-65.30
		下跌币种	1 725	1 217	41.74
		跌破零售价的币种	456	433	5.31
	38个检索板块	整体上涨	2		
		整体下跌	36		

续表

指标	分类	2018年	2017年	2018年与2017年相比的变化幅度（%）
投资价值	S/BD值（料价比）	1.369	1.404	-2.48
	BH值（综合投资价值）	7.247	8.106	-10.60

注：变化幅度的数据经表格原始数据计算而得。

通过本书第一章第三节中披露的数据和表3-4中显示的数据可以看到：

（1）截止到2018年底，2017年大盘市场价总值1 332.58亿元，与2018年中期相比下降5.25%，与2017年底相比下降8.05%，其中与2017年底相比，投资币下降6.37%，纪念币下降9.77%。扣除相应发行增量，2011年大盘纪念币的市场价总值864.68亿元，与2011年相比下降43.95%。在这里特别值得关注的是，与2017年相比，2017年大盘减量的净值为116.69亿元，已经完全覆盖2018年板块69.75亿元的市值增加量，在包括2018年板块的情况下形成2018年大盘市场价总值的不增反降。

数据显示，我国金币市场延续2017年市场交易价格的下行走势，2018年出现了继续加速下行的态势。但是需要指出的是，2017年大盘后半年的下跌幅度已经小于上半年的下跌幅度。市场是否已经开始出现下跌动能减弱的情况值得关注。

（2）在2017年大盘中，2018年与2017年相比，价格上涨币种270种，数量减少65.30%；价格下跌币种1 725种，数量增加41.74%；跌破零售价的币种456种，数量增加5.31%。根据在"中国现代贵金属币信息分析系统"中检索出的38个子版块的数据看，2017年大盘纪念币整体上涨的版块仅有"钯币"和"贺岁币"，其他36个板块均呈现整体下跌。另外，从数据中可以看到，在下跌幅度的对比中，料价币（S/BD值）较高的币种大于料价币（S/BD值）较低的币种。

数据显示，在2017年大盘内部币种的交易价格涨跌互现，但是下跌的总动能大于上涨的总动能。

（3）关于投资价值指标，2018年与2017年相比，料价币（S/BD值）下降2.48%，综合投资价值指标（BH值）下降10.60%。数据显示，2017年大盘的投资价值进一步趋弱。

（4）关于交易效率指标，2018年与2017年相比，交易顺畅的币种下降6.11%，交易不畅和交易困难的币种分别上升6.99%和11.61%。数据显示，面对弱市在观望和惜售心理作用下，市场交易效率有所下降。

二、下跌原因分析

我国现代贵金属币的价格走势将受到外部环境和内部因素的共同影响。

首先从数据角度分析2017年大盘下降的宏观原因，见表3-5。

表3-5　　　　　　　　2017年大盘下行的宏观因素分析

分类	贵金属价格变动权重（%）	货币溢价因素价格变动权重（%）	价格变化能力系数
2017年大盘	50.59	49.41	1.000
投资币	88.21	11.79	1.264
纪念币	25.57	74.43	0.824

如表3-5所示，由于国内主要贵金属价格都呈现程度不同的下行走势，在2018年引起2017年大盘投资币价格下跌的因素中，贵金属权重占到88.21%，货币溢价因素仅占11.79%。在纪念币中贵金属权重仅占25.57%，货币溢价因素占比高达74.43%。数据表明，虽然在2017年大盘内部投资币和纪念币的市场价格都有下跌，但主要的影响因素是完全不同的。投资币的价格下行主要是受到贵金属价格变动的影响，纪念币的价格下行更主要的原因是受到货币溢价因素的下拽。另外从表3-5中

可以看到，在2017年大盘的下行过程中，投资币的价格变化能力系数为1.264，对2017年大盘的价格变化有正向支撑作用；纪念币的价格变化能力系数为0.824，对2017年大盘的价格变化有反向拉拽作用。

（一）外部环境

（1）贵金属是我国现代贵金属币的重要物质基础。在2017年大盘中贵金属价值权重投资币占91.28%，纪念币占53.77%。由于在2018年中大多数贵金属价格都呈现出高低不同的下行走势，因此贵金属价格的变化对2017年大盘的走势产生一定影响。但是这种影响是不均衡的，对投资币的影响最大，而纪念币的下跌还受到其他供需关系变化的重要影响。

（2）2018年我国的股市始终处于低迷状态，对整个投资活动都产生出表现不佳的下拉作用，我国的金币市场也无例外。另外，2018年我国宏观经济的下行压力加大，不确定因素增多，可用于艺术品收藏投资的闲钱减少，作为非刚性需求的现代贵金属币来说，也会受到影响。

从宏观层面看，以上外部环境对我国的金币市场形成了中性偏弱的影响。

（二）内部因素

任何外部环境都是通过内部因素对事物的运行产生作用的。

从一般规律看商品价格的变化反映供需关系，而供需关系是通过入市资金度量的。由此可见2017年大盘价格下行的主要原因是入市资金大幅下降。在2017年大盘内部，由于引发纪念币价格下行的最重要因素是货币溢价率减弱，而货币溢价率直接反映供需关系和入市资金。为简化起见，以下将重点分析影响纪念币板块下跌的主要原因。

1. 市场结构因素

市场结构因素主要包括：①长期以来我国的金币市场一直是以投资和投机为主的市场，真正的文化收藏占比相对较弱。随着近七年来市场交易价格的持续下行，投资增值的市场预期一直整体处于负面，由此造成进场的投资和投机资金大幅下降。②在过去一段时间，在我国金币市场的购买力中公款消费和腐败式消费占比不小。随着国家持续加大遏制腐败和严控公款礼品消费的力度，上述两项的入市资金已经基本消失。③从2017年大盘纪念币单枚币种的价格结构看，5 000元以下的币种占比为66.86%，5 000元以上到5万元以下的币种占为22.01%，5万元以上到1 000万元的币种占比为11.14%。根据拍卖市场提供的数据，目前我国现代贵金属币的平均购买力水平大约在4 500元。面对当前的外部环境，对于价格在5万元以上的币种，入市资金减少，需求量总体下降。

从以上的结构性因素看，当前国家加大遏制腐败和严控公款礼品消费的力度人民举双手赞成，金币市场必须适应。金币市场币种的价格结构是客观存在，人们也必须面对。但是如何通过努力逐步实现收藏与投资平衡的问题值得思考。

2. 热点转移因素

虽然我国金币市场处于弱市，但其他收藏品市场的新热点仍然不断出现。例如机制币、普通纪念币的精制币、四版纸币、人民币发行70周年纸币和钞型券等。由于热点转换，市场中很多人员和资金已经把关注点转入其他热点收藏品板块，在金币市场中甚至出现清仓离场的情况。在收藏品板块的冷热对比中，由于金币市场的热点不多，必然造成入市资金大幅减弱，如果形成"马太效应"对金币市场十分不利。我国的金币市场能否形成新的热点以及如何形成新的热点值得思考。

3. 价值回归因素

从长期来看，现代贵金属币的市场价格一定会按照供需关系和价值规律运行。所谓价格回归因素主要是指：①在2017年大盘内部存在一些新品和次新品，它们往往存在高开低走的市场惯性，市场价格没有完全稳定，特别是2017年发行的新品，一些币种的市场价格仍处于理性回归过程中，形成对2017年大盘的下拽。②在金币市场的上一次牛市时，不少币种出现了严重的价格泡沫,市场对它们的价格并不认同,目前仍处于价值回归过程中,特别是在熊市思维模式下,有些币种已经出现超跌。这个因素也是引发2017年大盘继续下行的原因之一。

4. 机制创新因素

我国金币市场的总规模与整个收藏品市场相比虽然不大,但是也已形成1 400亿元左右的体量。目前的实际情况是在金币市场中也有一些坚定力量,但是按照以往的市场运行机制他们的集合很难在市场中发挥作用,在市场中基本看不到新的运行机制和资金,造成小钱玩不动大钱没进来的被动局面,由此形成调动市场向上的资金不足。如何逐步实现金币市场运行机制的改革创新值得思考。

5. 增量制约因素

我国金币市场的增量每年都在不断聚集,没有增量不行,但增量应该对存量发挥正向作用。近些年发行的增量对存量在某种程度上也有一些影响,主要反映在:①规划发行的项目和币种有时缺乏历史的连贯性考虑,在比价效应的影响下对存量造成影响。例如生肖项目中的二公斤金币,重量规格的设计比较尴尬,已经对一些一公斤生肖金币的市场价格产生了明显压制作用。②重量规格系列搭配缺乏全面考虑,大幅增加的超小规格币种,降低了文化艺术价值的表现力,减少了对收藏需求的吸引力和购买欲望。③系列项目规划的连续性不足和变化较大,对专题收藏造成不利影响。如何实现增量与存量的良性互动值得思考。

6. 宣传偏移因素

有效的宣传推广工作对发展我国的金币市场至关重要。目前在金币市场中似乎存在一种关注新品宣传较多而忽视存量宣传的倾向。当下媒体铺天盖地的文章大多是介绍新品,对存量的宣传相对薄弱,好像新品卖出后就一切万事大吉。这种倾向形成发售热点一过,社会对存量的关注度大幅减弱,由此造成存量的需求量下降和市场价格下跌。特别是对早期发行的精品宣传乏力,社会影响力和知名度非常有限,造成了市场关注度下降和入市购买资金匮乏。如何加强全面平衡的宣传理念值得思考。

7. 预期惯性因素

尽管我国金币市场目前处于弱市，但是仍有一批不离不弃的坚定参与者始终活跃在市场交易中。从一般的市场交易规律看，买家总是希望以较低价格买入，卖家总是希望以较高的价格卖出，最终的交易价格是买卖双方博弈的结果。目前整个市场处于弱市，在预期惯性的作用下，买家总是希望买到更便宜的币种，卖家希望在不高的价位卖出后还有机会用更便宜价格买回，因此在目前的市场中经常可以看到阴跌的多杀多现象。这种现象是人们心理博弈的结果，在牛市时很少出现，其结果是出现"没有最低只有更低"的两败俱伤局面，造成一些币种持续下挫。

综合以上影响2017年大盘向下运行的主要因素，有些因素需要依靠市场机制进行自动调节，有的因素可以通过人们主观努力进行改善。对可以通过主观努力实现调节改善的因素，市场采取何种行动值得关注和思考。

三、如何激活发行存量

在我国的金币市场中增量和存量是一个有机整体，当年的发行增量都会转变为发行存量。对于这个有机整体，如果发行存量没有生命活力，发行增量也就很难吸引市场，我国的金币市场也就很难实现持续健康稳定发展。面对当前的市场状况，管理层和国有专营企业已经开始在发行增量方面采取改革创新措施，并已取得初步成效，因此如何激活发行存量的任务已经摆到全体市场参与者面前。

改革创新发行增量主要是管理层和国有专营企业的任务，易于操控和容易见效。但激活发行存量的任务就更加复杂和艰巨，它将涉及整个金币市场的方方面面和各种复杂的利益关系，是一个打基础的长期工程，不会立竿见影迅速见效，难度将大大高于改革创新发行增量。

激活发行存量难度较大，但是不是人们就只能坐等观望和止步不前？问题的答案是否定的。实际上在目前发行存量中存在的问题，有些需要市场机制自然调节，但是更多的是可以通过人为努力去逐步解决或改善。

如何通过人们的努力解决或改善在发行存量中存在的问题，首先要解决思想认识。管理层和国有专营企业要真正认识到发行存量与发行增量的依存关系。不能仅关注发行增量的改革创新，忽视激活发行存量。更不能只顾发行增量，无视发行存量。特别是不能把激活发行存量的工作视为于己无关。如果不解决这个思想认识，一切问题都无从谈起或难见成效。因此管理层和国有专营企业在改革创新发行增量时也要把激活发行存量作为自己的重要工作和任务，以问题为导向，两手抓两手都要硬，只有这样我国的金币事业才能做大做强。

人们如何通过努力解决或改善在发行存量中存在的问题，还有一个基本路径问题。激活发行存量有些可以通过行政手段解决，但大多数要通过市场手段实现。因此管理层和国有专营企业要为市场指引方向，提供政策，鼓励各种力量积极参与，实现合作共赢和利益共享。

（一）可以通过管理措施主动解决的问题

（1）首先要在国有专营企业内建立有关职能部门，配备专职人员，建立研究和关注二级市场的工作标准和程序，及时向有关部门和领导反馈二级市场和发行存量的动态和信息，提出政策建议，广泛建立与市场参与者的联系沟通渠道。如果没有这种部门，激活发行存量的工作就会可有可无或热一阵冷一阵，不可能有所成效。

（2）据悉国有专营企业已将所有不适销的金银币进行了核查统计，并上报中国人民银行批准后依法依规进行销毁。这是国有专营企业为激活发行存量采取的主动措施，值得充分肯定和支持。

（3）面对在增量制约和宣传推广中存在问题，国有专营企业应该总结经验，深入市场一线，在设计规划项目时充分考虑发行存量的情况，努力实现发行增量与存量的良性互动，避免出现相互干扰和制约的被动局面。同时做好系列收藏的规划和设计，调动专题收藏者的积极性。还要从重量规格的配套方面充分适应不同收藏者的关注点，努力提高新发币种的艺术表现力，调动多层次的收藏需求。在宣传推广方面，不但要重视新品的宣传推广，也要持续宣传推广发行存量中的币种。特别要重视过去已经发行和被社会普遍认同的精品宣传，加大它们的社会影响力和知名度，通过对这些精品的宣传全面提高我国金币市场的形象和社会关注度。

（4）激活发行存量最重要的任务就是努力扩大稳定的收藏群体。我国现代贵金属币的市场价值由文化艺术价值和收藏投资价值共同组成。没有收藏投资价值的比较优势就不会有市场规模的不断扩大，这是管理层和国有专营企业应该十分重视的工作。但是如果仅关注其中的收藏投资价值，不重视文化艺术价值的深入挖掘，那么我国的现代贵金属币就仅是用于投资赚钱的筹码，同时也会造成市场价格的剧烈波动。为此应该设法发展壮大我国金币市场的文化收藏群体，让文化收藏群体成为市场发展的压舱石和稳定器，逐步改善目前我国金币市场的结构失衡问题，努力实现我国现代贵金属币的两种价值平衡，在市场参与者中形成合理的结构体系。最近民间的积极力量已经向国有专营企业提出组建我国金币市场民间收藏研究组织的倡议，并且得到国有专营企业的大力支持。目前这个隶属于中国钱币学会的"贵金属币收藏与研究专业委员会"正在国有专营企业的大力协调下积极推进各项筹备工作。人们可以相信，随着这组织的建立和开展活动，一定会加强我国金币市场的收藏研究工作，为改善目前我国现代贵金属币价值偏移问题做出贡献。实际上，在现代贵金属币中存在的价值偏移问题与我国目前的经济大环境和发展水平有关，要想逐步改善这个问题绝非易事，但是只要在这方面积极主动进行工作，就一定会得到收获。

（二）可以通过市场运行机制创新解决的问题

改善预期和提振市场信心不可能靠空谈和忽悠，必须有实实在在的基础和举措。

1. 积极推进市场运行机制创新

目前我国金币市场存在小钱玩不动大钱没进来的被动局面。如何逐步解决在这方面的困难，关键是要实现金币市场与金融结合的运行机制创新。

金币市场与金融服务的结合不是走前几年邮币卡电子交易平台投机炒作的死路，而是要借鉴国内外的成功经验，依靠市场规律引入金融资本实现市场运行机制的创新。这其中主要包括市场平衡基金、私募基金、展览基金和财富管理基金。

（1）市场平衡基金主要是针对我国金币市场的价格波动，由资本主动参与市场运作，建立类似做市商的制度，对估值偏低和市场影响力大的币种公开进行买入和卖出操作，加速市场流转，实现合理估值和市场稳定。

（2）私募基金主要是根据估值理论和实践，在市场中选择合适币种进行控盘操作，通过这种操作提高平均持仓成本，带动价格波浪式上涨。目前在金币市场中已有这方面的运作。例如，1992年（猴）年纪念币项目中的8克金币，经过几年运作已经初见成效。实际上私募基金进入金币市场已有资本动力，如果在市场实践中能够逐步实现有效的退出机制和规范运作，就一定会有所发展。

（3）展览基金主要是集合社会资本开展现代贵金属币的宣传推广。目前国有专营企业主办的专业展览每年仅有一次，且地点固定，影响力有限。各地的官方和民间博物馆也是不可移动，宣传推广的扩散力不足。创建展览基金的主要目的是调动社会资本，将宣传中国金币的展销活动变为流动的网络。特别是可以把收藏家手中长期沉睡在保管箱内的精品释放出来，一方面，可以宣传推广和扩大影响；另一方面，也有可能实现收藏过程中的资本回报。探索展览基金的合理盈利机制将是这种创新的关键。

（4）目前在金币市场的收藏中，有不少精品在年龄较大的收藏家手中。随着年龄增长，这些老者已经对手中藏品的继承和流转问题产生困惑，影响了继续扩大收藏的积极性。所谓的财富管理基金就是为这些大藏家解决后顾之忧，通过财富基金的托管方式让他们手中的精品成为家族的永久财富，同时在他们的有生之年继续发挥先锋作用。这种财富管理基金在国际上已有成熟的案例。

在金币市场中逐步引入市场平衡基金、私募基金、展览基金和财富管理基金，是金币市场与金融结合的关键，也是市场运行机制创新的必由之路。其中有些基金例如市场平衡基金和展览基金，国有专营企业完全可以采用市场手段积极牵头推进，参资入股，大力促成。

2. 通过创新市场运行机制创造新热点

目前在我国金币市场中热点匮乏是突出问题。如何创造和形成新的热点是吸引社会关注和资金进场的关键。其中如果贵金属价格大幅上涨应该是一个热点，但是它不随人们的意识转移。因此这里的重要抓手是通过创新市场运行机制主动创造热点。

经过多年发展我国的现代贵金属币已经形成一个庞大的体系。即使今后市场启动也是在优质币种的带动下形成的。通过创新市场运行机制创造新热点，也要从优质币种入手。

什么是优质币种？优质币种的基本标准是文化艺术价值能够得到社会普遍认同，同时具有优异的收藏投资价值，即文化艺术价值和收藏投资价值均优的币种。这些币种不但可以成为扩大文化收藏的基础，同时也可实现市场交易价格的稳定上涨。

在本报告的附表 1-12 中，通过定量分析原理检索汇总出具备以上条件的 100 种最优币种，它们都是经过市场风雨历练的优质币种，可供各种创新基金选择和市场参与者参考。

人们可以坚信,只要可以创造出新的热点,我国金币市场就可重新吸引资金进场,形成熊牛转换的新局面。

(三) 可以通过深刻认识市场规律解决的问题

贪婪和恐惧是参与市场交易活动的两大弊端和致命伤,在我国的金币市场中也无例外。目前面对弱市一些具有远见的参与者在底部大胆建仓,已经为长期的收藏投资获益打下基础,同时也为市场价格稳定做出实际贡献。但是还有不少参与者在负面预期导向下,怀着恐惧心理参与市场交易,最终导致市场形成阴跌的多杀多现象,即所谓的影响价格下跌的预期惯性因素。

我国金币市场的运行是有自身规律的。在牛市时由于资本的冲动,极易形成价格虚高泡沫,由此伴生出价值回归的市场动力。在价值回归过程中,由于资本的冷漠,也会出现价格超跌的熊市,同时孕育市场回升的动能。既没有只涨不跌的市场,也没有只跌不涨的市场。这就是我国金币市场周期性波动的基本规律。特别是当前我国金币市场已经连续下跌七年,有些币种收藏投资的风险已经大部释放,长期收藏投资价值的机会开始显现,过度恐惧的市场基础已经大幅减弱。

过度恐惧是人的本性,解决过度恐惧的心理问题也非常个性化,与个人的素质和操作习惯有关,靠一般说教无能为力。但是具有恐惧心理的参与者还是要深刻认识金币市场的基本运行规律,对市场的长远发展树立信心。自己的操作要从长期的视野出发,不要指望今天买入明天就上涨,也不要斤斤计较短期的得失。对自己钟爱的具有价值的币种要大胆买入和长期持有。这种操作不但将来会取得收藏投资双丰收,同时也会对当前的市场状况出正向贡献。

有人经常会问我国金币市场的这次深度调整到底会持续多长时间?何时可以出现止跌回稳迹象?我国金币市场的春天何时能够到来?

实际上要想准确回答这些问题非常困难，充满不确定性。我国金币市场这次的大周期调整既有外部环境的影响，但更重要的是受内部因素的制约。回答以上问题一方面要看外部环境如何变化，更重要的是如何逐步解决影响金币市场走势的各种内部制约因素。如果这些制约因素不能得到逐步解决，即使外部环境转暖，我国的金币市场也很难有较大起色。因此管理层和国有专营企业不但要积极推进发行增量的改革创新，也要采取切实措施逐步解决影响发行存量的问题。同时其他市场参与者也要积极行动，参与到改善我国金币市场生态环境的艰巨工程之中。只要制约发展的因素能够得到逐步解决，我国金币的春天就会较快的到来。

第四章 其他市场问题分析

第一节 钱币鉴定评级

2018年我国的钱币鉴定评级市场继续发展,出现了一些新变化和新动向,同时也存在一些亟待解决的问题。在本报告第二章第一节中已经对2018年钱币鉴定评级市场发展的基本数据进行了详尽披露,以下将主要分析2018年钱币鉴定评级市场变化的主要特点,现代贵金属币鉴定评级总量下降的主要原因,以及如何促进我国钱币鉴定评级市场科学健康稳定发展的有关问题。

一、市场变化的主要特点

(一)钱币鉴定评级总量继续上升,市场规模不断扩大

2016~2018年钱币鉴定评级总量的变化见图4-1。

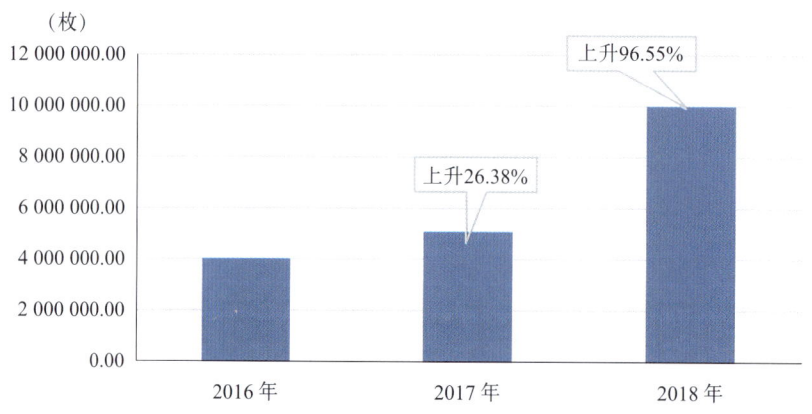

图 4-1 钱币鉴定评级币总量年度变化

如图 4-1 所示,2017 年与 2016 年相比钱币鉴定评级总量上升 26.38%,2018 年与 2017 年相比上升 96.55%,呈现一种加速增长态势。其中增长最快的是现代纸币。

(二)封装币在市场规模提速中发挥了重要作用

2016~2018 年评级币与封装币的年平均增长率见图 4-2。

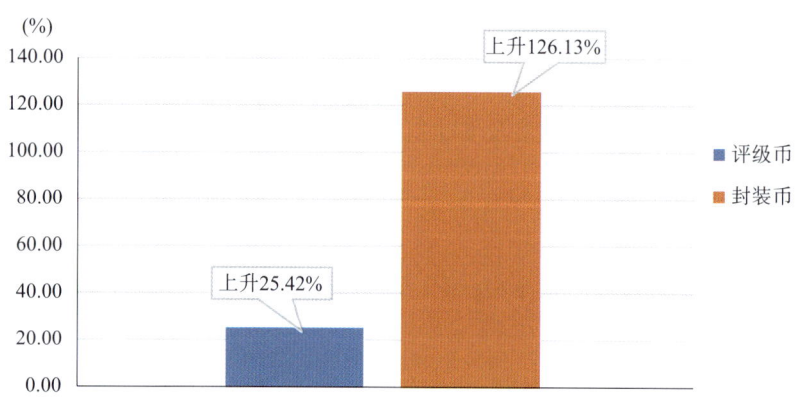

图 4-2 评级币和封装币年均增长率

如图 4-2 所示,2016~2018 年,评级币总量的年均增长率为 25.42%,封装币总量的年均增长率为 126.13%。数据显示目前封装币总量的发展趋势迅猛,已经成为鉴定评级币产品结构的主体。

（三）现代贵金属币鉴定评级币总量逆势下滑

2014～2018年，现代贵金属币的评级币和封装币的年度总量统计见图4-3和图4-4。

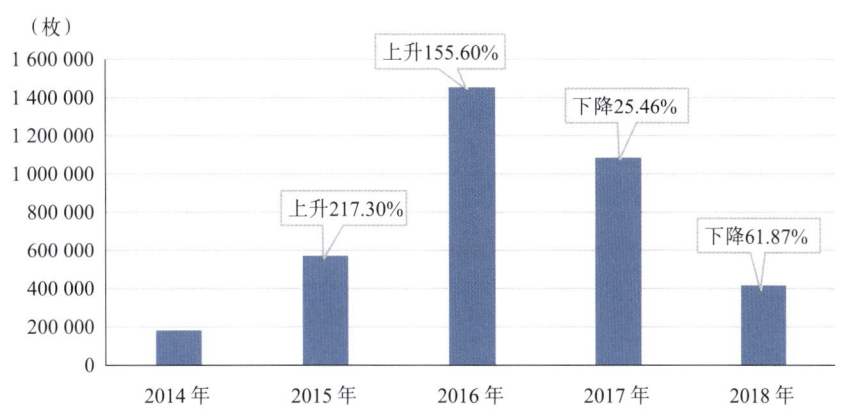

图4-3　现代贵金属币评级币总量年度变化

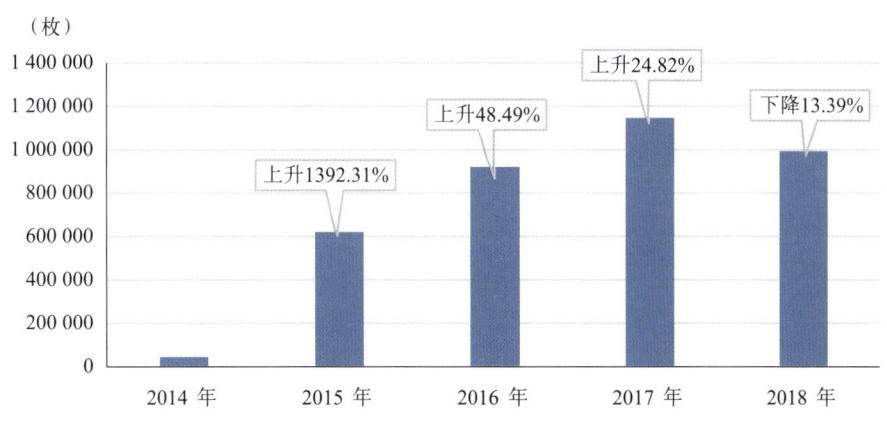

图4-4　现代贵金属币封装币总量年度变化

如图4-3和图4-4所示，2014年后评级币的年度总量开始出现大幅上涨，2016年达到顶峰，2017年开始掉头向下，2018年继续大幅度下降，幅度达到61.87%。封装币在我国作为一种新生事物，自2014年开始出现后一直保持一种较快的增长速度，2017年达到阶段高点，2018年开始下滑，幅度为13.39%。

以上是我国鉴定评级市场发展规模在2018年出现的三个最突出特点。数据显示我国钱币鉴定评级市场的容纳空间很大,特别是封装币的市场需求很大,但是现代贵金属币的鉴定评级总量却逆势下降。

二、现代贵金属币鉴定评级总量下降的主要原因

(一) 有关主要数据

在分析现代贵金属币鉴定评级总量下降的主要原因之前,先展示以下两组数据。

1. "70级/69级"出分率变化数据

为简化分析,以下将主要分析具有代表性的"70级/69级"的平均出分率变化。2014年至2018年的"70级/69级"平均出分率变化见表4-1。

表4-1　现代贵金属币按评级年度分类的70级/69级的出分率分析

2014年之前进行评级	0.600
2014年年度进行评级	0.609
2015年年度进行评级	0.625
2016年年度进行评级	1.884
2017年年度进行评级	5.243
2018年年度进行评级	1.660

表4-1展现的是2014~2018年,不同年度"70级/69级"的平均出分率。如表4-1所示,在2014~2015年度,"70级/69级"的平均出分率在0.600~0.625区间内。2016年开始迅速变化,2017年达到畸形的5.243,2018年回落到1.660。

2. 评级币市场交易价格价差率数据

在2018年度,评级币市场交易价格的平均环比差价率和平均同比差

价率统计见附表4-1。"70级/69级"的平均环比差价率和"70级/无评级币"的平均同比差价率分别见图4-5和图4-6。这些数据是使用权重计算法通过108 211组数据计算出的结果。

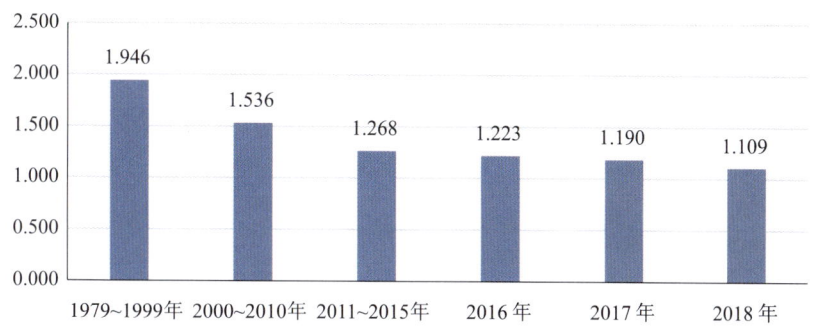

图4-5 2018年现代贵金属币评级按币种发行时间分类的环比价差率（70级/69级）

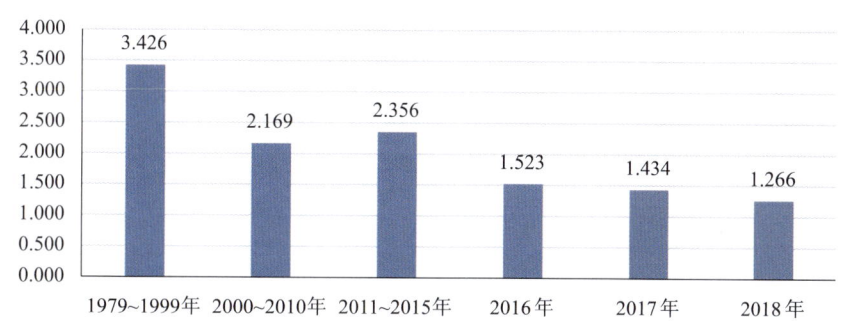

图4-6 2018年现代贵金属币评级币按币种发行时间分类的同比价差率（70级/无评级）

如图4-5和图4-6所示，从环比差价率看1979～1999年发行的币种平均差价率最高，为1.946。按币种发行年度延伸，呈现逐渐降低的趋势，2018年发行币种的平均差价率为1.109，也就是说2018年发行的币种，"70级与69级"相比的平均增值幅度为10.90%。从同比差价率看，与环比差价率呈现同等趋势。

（二）影响现代贵金属币鉴定评级总量下降的主要原因

2009年现代贵金属币的鉴定评级机构开始在我国内地出现。作为一种新生事物九年来这些机构不断拓展市场需求和生存空间，取得了快速发展。在快速增长的态势中也伴随出现一些新问题。

首先应该看到，在我国现代贵金属币的送评结构中基本有两种情况：第一，收藏投资者个人送评用于自己的收藏投资活动。第二，机构送评（或称为商业送评），主要从自身的经营目的出发，大批量送评现代贵金属币用于商业销售和推广。

从上述送评结构看，影响现代贵金属币鉴定评级总量下降的直接原因主要是：

（1）前几年支撑鉴定评级总量大幅上升的主要因素是机构送评并用于商业销售。据调查2018年机构送评的数量大幅度萎缩，主要原因是：①前几年一些商业机构在销售评级币中不按价值规律办事，利用信息不对称，高利润倾销这些评级币，已经侵害了不少终端客户的经济利益，造成这种非理性的盈利模式无法持续，评级币订单大幅减少。②邮币卡电子交易平台已经全部停业，邮币卡电子交易平台的评级币订单已经为零。③在面对公众的零售机构中，有些主流零售渠道的进入门槛提高，也使一些受到门槛限制机构的评级币订单减少。

（2）为了抢夺市场蛋糕，有些钱币鉴定评级公司降低评级标准，使现代贵金属币评级币的价值体系出现混乱。从附表4-1、表4-1、图4-5和图4-6的数据中可以看到，目前"70级/69级"的出分比例失调，新品和次新品的价差率大幅下降，钱币评级的增值优势大幅减弱，有的币种"70级/69级"的增值幅度不够支付评级费用，市场参与者之间的利益分配出现失衡，加大了送评风险，市场形象受损，个人送评的经济动力大幅下降。这种情况也是造成现代贵金属币送评量下降不可忽视的原因。

（3）目前封装币的产品结构基本属于商业机构主动策划，用于后续的商业销售和推广。作为一种新生事物，封装币仍有一定市场生存空间。数据显示在2018年中，由于钱币市场的热点转换，有些市场权重较大的钱币鉴定评级公司已将封装币的业务重心转向现代纸币的封装，这也是

2018年现代贵金属币封装币下降的重要原因。

以上是影响现代贵金属币鉴定评级总量下降的直接原因，从宏观原因看，我国现代贵金属币的鉴定评级市场尚不规范，为了瓜分市场蛋糕，各种各样的鉴定评级机构疯狂扩展。其中有些机构有违市场规律进行恶性竞争，出现评级币价值体系的混乱和失衡，严重侵害了收藏投资消费群体的利益，正在经受市场修正。目前我国现代贵金属币的鉴定评级市场开始处于，"市场启动——快速发展——近乎狂热——回归理性"的市场运行周期的第四阶段。2018年现代贵金属币鉴定评级总量下降是市场对前几年非理性发展的有利回应，是一个理性回归过程，完全属于正常的市场现象。

三、市场如何发展

目前在现代贵金属币鉴定评级市场反映出的问题仅是整个钱币鉴定评级市场的一个侧面，实际上整个钱币鉴定评级市场的状况更加复杂。据有关媒体报道，目前在我国存在的各类钱币鉴定公司已有147家，本来进入门槛相对较高的钱币鉴定评级业务现在已经变得很低，凑上几个人就可以开始接单。加大市场竞争本来是好事，它将有利于提高钱币鉴定评级公司的素质和自律意识、提高服务质量、降低鉴定评级费用和加大消费终端的选择权。但是当下众多的钱币鉴定评级公司鱼龙混杂，既有整体素质较高的公司，也存在整体素质较低的公司；既有通过优质服务获取经济回报的企业，也有投机取巧和诚信低下的骗钱企业，其中更有少数专门制假贩假的不法商贩，这种低门槛的恶性竞争已经扰乱市场正常秩序。2018年整个市场的钱币鉴定评级市总量迅猛上升是否正在复制现代贵金属币鉴定评级市场走过的老路值得观察。实际上面对当前钱币鉴定评级市场存在的乱象，已经向人们提出严肃问题，即我国的钱币鉴定评级市场应该如何发展。

钱币的真伪鉴定有行政鉴定和商业鉴定两种情况。目前钱币鉴定评级公司对钱币真伪的鉴定都属于商业鉴定范畴。按照现在的公司注册条例，政府对成立一家钱币鉴定评级公司没有严格的技术关口，取得营业许可并非难事。从目前的情况看国家行政管理部门不太可能为进入这个行业制定完整的技术门槛，因此我国的钱币鉴定评级市场将会长期是一个没有政府层面规范管理的完全靠市场机制竞争的市场。在这里甚至还有一些没有取得合法经营执照的黑户。

面对这种现实状况，我国钱币鉴定评级市场的发展将有两条路径。一个是完全靠市场竞争优胜劣汰，通过市场机制的大浪淘沙，逐步实现市场规范。但是这种路径时间较长，同时社会也会为此付出不必要的成本。另一种路径是建立行业组织，通过市场手段主动进行规范市场的努力，促进整个市场较早走上健康发展道路。毫无疑问，后一种路径是积极进取的办法。

如何通过行业自律引导实现我国钱币鉴定评级市场的有序发展，首先要尽快建立有公信力的行业管理协会。通过这种专业的行业管理组织，明确市场准入标准，制定行业行为准则和服务规范，逐步统一目前无所适从的评级标准，定期开展评级公司之间的相互交流，统计汇总市场数据，有效整治市场乱象，鼓励行业自律，让劣质公司在市场中失去藏身的空间。按照目前的状况，这项工作应责无旁贷地应由中国钱币学会承担。

加强行业的引导和管理，同时要解决谁给钱币鉴定评级公司评级的问题。目前在素质良莠不齐的各种公司中，都宣称自己是最好的公司，这样就给消费受众在选择鉴定评级产品时带来困惑。于是一个不可回避的问题就被提出，即谁给这些钱币鉴定评级公司进行技术和信用评价。在市场经济中，由第三方的评价机构对某些领域的公司进行某一专业的技术和信用评价是很通行的做法，这对提高服务质量和市场透明度将有积极意义。

针对我国钱币鉴定评级市场的状况，评价一个公司优劣的标准主要应该是产品的市场占有率和价值体系，对这一点不应否定。但是由于情况的复杂性，只用这一个标准往往不够全面、准确和客观。因此引入第三方评价机构对我国众多的钱币鉴定评级公司的技术和信用进行评价，应该说已经摆上议事日程。为了钱币鉴定评级市场的长期健康稳定发展，现在的问题已经不是要不要由第三方机构对众多钱币鉴定评级公司进行评价，而是由谁出面组建这样的机构以及如何进行这种评价。

组建这样的评价机构，应该摆脱各种商业利益，完全以第三方的位置出现，不能受任何关联利益裹挟，通过有效的工作树立自己公平诚信的市场形象，否则将一事无成。这种评价机构要逐步建立一套全面、完善和能够实施的评价标准，对各种鉴定评级公司的评级标准、技术水平、执行标准的稳定性、收费标准、服务能力、市场诚信和社会反馈等情况进行全面跟踪与评价，给社会大众一个清晰指引。通过这种评价机制为市场公平竞争和优胜劣汰提供一定保证。

在我国的鉴定评级市场中，如何主动出击开展规范市场的工作，人们将拭目以待。

第二节 钱币拍卖与交易

我国现代贵金属币的市场价值是通过市场交易实现的，拍卖就是市场交易的重要形式之一。2018年我国现代贵金属币的拍卖市场继续发展，特别是网络拍卖已经受到客户的普遍认同，实现了市场交易形式的大幅度升级，出现了一些新特点和新情况，同时形势发展也对拍卖市场提出更高要求。

一、拍卖市场的主要特点

2018年在我国现代贵金属币的拍卖市场中呈现出以下主要特点：

（1）随着网络技术发展，在2018年中发展最快的是网络拍卖，特别是微信形式的拍卖已经成为市场发展的新亮点，即使是专业网站的拍卖也与微信的传播方式紧密结合，提高了交易便利和效率。随着各种微信拍卖如雨后春笋般大量涌现，为拍卖市场增添了新活力。

（2）随着各种形式的拍卖公司进入市场，市场竞争加剧。这种竞争突出表现在佣金竞争、便捷交易方式竞争、服务质量竞争、信息透明度竞争和线上与线下有效融合的竞争。特别是有些主流的拍卖公司已经将单一的拍卖业务与宣传文化和凝聚客户紧密结合，举办各种泉友联谊、钱币大讲堂和钱币沙龙，努力加大深挖拍卖市场的力度。以上多形式和多特点的市场竞争集中到一点就是争抢市场份额，增强客户黏度。从总体上看，这些市场竞争已经加大了拍卖公司的经营压力，为全面促进提高服务质量提供了动力。

（3）虽然目前网络拍卖已经占到整个拍卖市场份额的89.05%，但是线下的现场拍卖仍然比较活跃。特别是价格较高的现代贵金属币精品仍是现场拍卖的重头戏，平均交易价格高于线上拍卖5.5倍，成为精品拍卖的主战场。线上拍卖和线下拍卖各具特色，形成了相互补充和完善的市场配置，这也是2018年拍卖市场的主要特色之一。

二、拍卖市场现状

（一）主要形式

目前参与我国现代贵金属币拍卖的公司主要有两种形式。

（1）拍卖公司主要是交易中介，是买家和卖家的中间环节，为买家和卖家提供市场交易服务，即所谓的C2C模式。

（2）拍卖公司不是完整的交易中介，拍品入口主要是商家的自有存货，拍品的出口由过去的一口价转变为竞价交易，即所谓的B2C模式。

以上主要形式的分类仅是最简单的划分，实际上在以上形式之间存在相互融合。即C2C模式中有B2C，B2C模式中也有C2C，仅是这两种形式在拍卖总额中的占比不同。

（二）存在的主要问题

（1）少数拍卖公司实施交易规则的透明度不高，自己制定的交易规则没有一视同仁，市场公信力有待提高。

（2）在拍卖活动中有时存在自卖自买现象，拍卖的成交价没有真实反映供需关系，拍卖价格失真。

（3）有些以B2C交易模式为主的公司，虚假拍卖非常明显，目的在于为线下倾销当托。

（4）有些微信交易平台缺少合法经营资质，经营和参与者的风险加大。

在现代贵金属币拍卖市场中存在的以上主要问题，是发展中的问题，是市场竞争的结果。如何逐步解决这些问题：

（1）在拍卖市场中自卖自买的现象很难避免，但问题的关键是拍卖公司要一视同仁地严格实施自己制定的交易规则，不能在交易佣金上为自卖自买的交易行为防水。

（2）在公布拍卖结果时应该下架自卖自买的拍卖数据，增加市场交易价格的真实度。

（3）大幅提高市场交易价格的透明度，减少虚假拍卖的市场生存空间。

（4）拍卖公司在组织拍卖活动中要同时兼顾卖家和买家的利益，不宜过度向卖家倾斜。

（5）缺少完整经营资质的微信交易平台要按照已经颁布实施的"电子商务法"完善自身的合法经营资质，减低经营风险。

（6）通过市场竞争降低拍卖佣金水平，减轻客户的交易成本。

（7）进一步加大拍卖市场的线上线下融合度，适应今后商业模式的发展趋势。

逐步实现以上措施，我国现代贵金属币的拍卖市场就一定会有更好发展。

三、搭建"市场交易综合服务平台"

在我国的金币市场中各种交易方式相互融合和不断发展，但是各种交易形式相对分散、交易价格的透明度较低、交易效率不能满足需求和假冒伪劣产品仍有生存空间等问题仍然存在。如何有效解决这些问题，搭建我国金币市场的"市场交易综合服务平台"已经摆上议事日程。

金币市场的"市场交易综合服务平台"是以服务职能为主，通过网络方式将市场的所有交易渠道和交易信息进行充分整合和汇总，为各种市场参与者搭建一个方便交易的综合性服务窗口。这种"市场交易综合服务平台"是我国金币市场的重要基础设施，实际上它是在为促进市场流通修路建桥，将目前参与市场交易商家各自修建的小路，改建成市场交易的高速公路，对整合交易资源、提高信息透明度、加快信息传播、提升交易效率和维护市场正常秩序具有重要意义。

具体来说，"市场交易综合服务平台"就是在这个平台内为所有参与金币市场交易活动的商家建立窗口和连接，经过资源整合后最大限度地实现信息畅通和方便市场交易，使它成为中国金币市场的淘宝和京东。

如何搭建"市场交易综合服务平台"：

（1）我国的金币市场属于OTC市场，靠行政手段不可能也解决不了整个市场交易渠道的集中问题。促进市场信息的顺畅扩散和交易方式的多样有效，只能也必须依靠市场手段实现。因此建立"市场交易综合服务平台"的目的不是要限制市场的多元化发展，而是要充分整合汇总各种交易及信息资源，促进市场发展，实现市场繁荣和多方共赢。

（2）建立"市场交易综合服务平台"的基本形式是C2C，它的最基本职能是为各种市场参与者提供服务，为他们搭建交易和信息沟通的渠道。因此建立这种"市场交易综合服务平台"不是要自己做买卖，而是要帮助别人做买卖，使之成为联系各种市场参与者的纽带和桥梁。

（3）目前各种C2C平台已经不是什么新鲜事物，但是有些C2C平台缺乏专业性，监管也不到位。建立金币市场的"市场交易综合服务平台"重点是要突出专业性，使用专业知识和手段加强对市场交易运行质量的监督与管理，减少和杜绝假冒伪劣等秩序混乱状况。

（4）初期这种"市场交易综合服务平台"可以以现代贵金属币为主，但不应排斥其他钱币种类的交易，经过一段时间努力，争取发展成为涵盖所有钱币门类的大型"市场交易综合服务平台"。

（5）这种"市场交易综合服务平台"可以以国有资本为主，这样有益于平台的品牌形象和监管，但也不应排斥其他资本进入。应发挥资本的作用充分调动各方力量的积极性，特别是要引入具有成熟技术和经验的资本介入，实现快速发展和多方共赢。因此这项工程应有金币市场的国有专营企业主导。

（6）这种"市场交易综合服务平台"的盈利模式，不是要简单赚取交易的手续费和店租费，而是要通过市场的普遍认同提高点击率，争取广告收入。特别是要通过这种平台的市场形象，提高整个"市场交易综合服务平台"的资产估值，大幅提高无形资产价值。这种盈利模式将决定"市场交易综合服务平台"的投资回报期可能相对较长，不可能事事赚钱和天天赚钱，前期的资金投入较大，因此必须有长期投资计划。如果眼光短浅，只看眼前小利，那么注定是失败的。

（7）目前我国金币市场的竞争异常激烈，各种经济利益相互交织渗透，要想建好这种"市场交易综合服务平台"绝不是轻而易举之事，一定会遇到各种意想不到的困难和阻力，对此必须要有充分的思想准备。如果决定要干这件事，就一定要下定决心，攻坚克难，永不退缩，一步一个脚印艰难前行，不达目的绝不终止。如果没有这种思想准备，那么一定会半途而废。

人们可以相信：只要收藏投资者在需要进行现代贵金属币的交易时，他们能够首先想到这个"市场交易综合服务平台"，并能从这个平台中获取有益的信息和交易体验，那么这个"市场交易综合服务平台"就一定会成功。

第五章 市场分析总结

在这份报告的以上部分,系统展现了2018年我国金币市场运行状况的主要数据,对其中一些最重要的市场动向进行了分析。以下部分将对这些数据和分析进行全面归纳,总结市场出现的新变化和新动向,揭示影响市场发展的主要因素,探讨我国金币市场如何健康稳定持续发展。

一、市场运行的基本状况

(一) 2018年大盘运行状况[①]

截至2018年底,我国现代贵金属币共计发行数量为12 577.38万枚,重量为11 067.05万盎司,市场价总值为1 402.33亿元。在包括2018年发行增量的情况下,2018年与2017年相比市场价总值减少46.95亿元,下降3.24%。其中,2018年大盘发行增量正向贡献69.75亿元,2018年大盘发行存量负向拉拽116.69亿元,两项相抵2018年大盘的市场价总值不增反降。

在2018年中2018年大盘的市场交易效率有所下降,收藏投资价值指标趋弱。

---

① 本部分数据经原始数据而得。

（二）2018 年大盘发行增量运行状况

在 2018 年中共计发行项目 15 个，与计划相比增加 4 个。

在投资币中，投资金币铸造数量 101.48 万枚，重量 39.07 万盎司，与 2017 年相比下降 15.90%。投资金币零售价总值为 35.82 亿元，年底时市场价总值为 33.76 亿元，下降 5.74%。投资银币铸造数量 368 万枚，重量 354.94 万盎司，与 2017 年相比下降 13.82%。投资银币零售价总值为 5.58 亿元，年底时市场价总值为 5.18 亿元，下降 7.13%。

在纪念币中：

（1）共计发行 63 个币种，其中金币 27 种，银币 36 种。

（2）发行的总数量共计 429.23 万枚，其中，金币 43.40 万枚，银币 385.83 万枚。发行的总数量与 2018 年公告量相比下降 14.72%，与 2017 年实际发行量相比下降 15.35%。在"2019 中国己亥（猪）年金银纪念币"项目中有 5 个币种的实际发行数量是公告量的 50%。

（3）发行的总重量共计 275.14 万盎司，其中，金币 13.10 万盎司，银币 262.04 万盎司。发行的总重量与 2018 年公告量相比下降 33.09%，与 2017 年实际发行量相比下降 14.47%

（4）在市场交易价格方面，纪念币零售价总值 30.01 亿元，年底时市场价总值 30.80 亿元，高于零售价总值 2.65%。在具体发行的币种中，市场价与零售价相比，价格上涨的币种有 36 枚，占同期币种总数的 57.14%，其中，金币 10 枚，银币 26 枚；价格下跌的币种有 27 枚，占同期币种总数的 42.86%，其中，金币 17 枚，银币 10 枚。上涨币种的总动能大于下跌币种的总动能。

（5）市场交易效率方面总体较好，在投资价值方面整体仍不尽理想。

（三）2018 年大盘发行存量运行状况

（1）2018 年大盘发行存量在 2017 年底的市场价总值为 1 449.28 亿

元，2018年6月底下行到1 369.31亿元，下降幅度为5.52%。到2018年底市场价总值为1 332.58亿元，与2017年相比下降8.05%，与2018年中期相比下降2.53%。我国金币市场的这次深度调整是从2011年开始的。扣除相应发行增量，2011年大盘在2011年时的市场价总值1 542.81亿元，到2018年时下行到864.68亿元，市值蒸发43.95%。

（2）在投资币中，2018年底投资金币市场价总值为613.17亿元，投资银币市场价总值71.98亿元，与2017年相比分别下降6.00%和9.41%。

（3）在纪念币中，2018年底市场价总值为647.44亿元，与2018年中期和2017年底分别下降5.11%和9.77%。在以上的价格变化中，市场交易价格上涨币种有270枚，平均上涨幅度为11.96%。市场交易价格下跌的币种有1 725枚，平均下跌幅度为13.76%。其中，有456枚币种跌破零售价，占比为22.85%。下跌的总能量大于上涨的总能量。

（4）在市场交易效率方面，2018年与2017年相比有所下降，收藏投资价值指标继续趋弱。

（四）钱币鉴定评级市场运行状况

2018年我国钱币鉴定评级市场实现的鉴定评级数量为1 001.75（万枚或万张），其中，评级币470.92万枚，封装币530.83万枚，封装币总量超过评级币12.72%。在2018年中，现代贵金属币的鉴定评级总量没有跟随整体的上升趋势而是掉头向下，鉴定评级总量为140.25万枚，评级币44.66万枚，封装币95.60万枚，与2017年相比分别下降36.95%、61.87%和13.39%，正处于理性回归过程中。

（五）拍卖市场运行状况

根据对29家拍卖公司和864场拍卖会的数据跟踪，2018年上拍现代贵金属币共计11.31万枚套，成交拍品10.47万枚套，成交率为

92.54%，成交总金额折合人民币 4.79 亿元，拍卖单位的平均成交价为 4 571 元，其中，按成交金额计算境内实现的拍卖占比为 92.41%，线上实现拍卖占比为 89.05%。

二、市场中出现的新变化和新动向

2018 年我国金币市场出现了很多新变化，也有很多新动向。

（1）2018 年我国金币市场的顶层设计开始启动新一轮改革创新。这种改革创新举措主要反映在七个方面。

①面对市场的严峻形势，在 2018 年初管理层和国有专营企业先后两次召开专题座谈会，广泛听取社会各界人士对健康有序发展我国金币的改革创新建议。

②通过国有专营企业的年度专业会议制定改革创新的总体思路和具体措施。

③在现代贵金属币的纪念币中，主动下调发行规模，2018 年的实际铸造重量与公告的重量相比下降 33.09%，与 2017 年实际的铸造重量相比下降 17.47%。

④对纪念币的正面设计要素进行试探性调整。

⑤通过"中国书法艺术（隶书）金银纪念币"项目，进行中国金币零售体系贯彻"三公原则"的尝试。

⑥对库存积压的滞销纪念币进行销毁前的准备工作。

⑦积极改进宣传推广工作。

以上改革创新措施给我国金币市场的发展带来新希望。可以说 2018 年是我国金币市场的改革创新之年。

（2）主动下调现代贵金属币中纪念币的发行规模，新品发行已经看到新曙光。在 2018 年中纪念币的市场价总值高于零售价总值 2.65%，开始结束 2017 年新品发行全局性跌破批发价的尴尬局面。特别是权重较大的"2019中国己亥（猪）年金银纪念币"项目市场价与零售价相比整体上涨0.75%，虽然这种上涨幅度仍然非常有限，但是已经向市场发出了重要信号。

（3）从2018年9月12日开始，30克普制熊猫金币开始在上金所挂牌交易，这是我国金币市场发展的重大事件，表明我国金币市场开始逐步实现交易渠道创新、交易方式创新和定价机制创新。

（4）我国的钱币鉴定评级市场继续发展，现代贵金属币的鉴定评级市场开始出现理性回归。

（5）现代贵金属币的拍卖市场持续发展，拍卖总量继续上升。其中，网络拍卖发展迅速，已经成为现代贵金属币价值转换的最重要渠道。在2018年的拍卖市场中开始出现线上拍卖与线下活动相融合的新动向，为凝聚最基本的收藏投资队伍提供了正能量。

（6）网络技术的发展加快了我国金币市场的信息传播速度。目前，各种官方网站、门户网站、公司网站等琳琅满目。微信作为一种全新的信息传播方式，其传播功能凸显。各种微信群聊、公众微信号、订阅号、个人微信无法统计。当下许多金银币消费者都通过手机传递信息，只要一打开手机，在这些传播媒体中各种有关中国金币市场的宣传信息、市场信息和交流讨论尽收眼底。金币市场信息传播的加速，为提高市场透明度和关注度提供了有力保障。

（7）民间交流和宣传活动继续活跃。在2018年中虽然整个市场处于弱市，但民间的积极力量并没有等待和观望。2018年由民间举办的各种座谈会、展览会、展销会、交流会、联谊会、大讲堂、论坛和讲座继续趋于活跃，具"中国现代贵金属币信息分析系统"统计，2018年的上述各种主要活动已经达到150多个场次，为调动民间积极力量发挥了重要作用。

（8）在各种市场活动中努力宣传中国金币文化内涵的正能量正在不断聚集。目前在民间的不少传播媒介中，正在逐步形成探讨和深挖现代贵金属币文化艺术价值的新动向。特别是由民间举办的"中国现代贵金属币文化艺术价值问卷调查活动"圆满结束，为深入研究我国现代贵金属币的文化艺术价值提供了全新视角和方法。以上这些新动向正在为实现我国现代贵金属币的价值平衡做出努力。

（9）为凝聚和发展我国金币市场的正能量，最近民间的积极力量已经向国有专营企业提出组建我国金币市场民间收藏研究组织的倡议，并且得到国有专营企业的大力支持。目前，这个隶属于中国钱币学会的"贵金属币收藏与研究专业委员会"正在国有专营企业的大力协调下积极推进各项筹备工作。人们可以相信随着这组织的建立和开展活动，一定会加强我国金币市场的收藏研究工作，为改善目前我国现代贵金属币价值偏移倾向做出贡献。

三、市场中面临的主要困难和问题

2018年虽然我国金币市场出现了一些新动向和新变化，但是仍面临一些困难和急需解决的问题。

（1）新发现代贵金属币中纪念币的回暖态势仍然非常脆弱。在2018年新发的纪念币中，与零售价相比整体上涨的项目有8个，整体下跌的项目有7个，其中有6个项目整体性跌破批发价。同样在2018年新发的纪念币中，与零售价相比整体上涨的币种有36个，整体下跌的币种有27个，其中有20个币种跌破批发价。2018年新发纪念币内部涨跌互现，而且负向的拉拽作用不容小视。特别是2018年纪念币的交易继续呈现高开低走态势，整体微弱上涨的走势还要经受一段时间的检验，不能盲目乐观。

（2）在2018年整个黄金市场消费量普遍上涨的背景下，投资币的铸造重量规模大幅下降。2018年与2017年相比，投资金币下降15.90%，投资银币下降13.82%。特别是30克普制熊猫金币在上金所的挂牌交易

第五章 市场分析总结

与设计预期相差甚远。如何通过战略重心转移，实现我国投资币的较快发展已经成为发展我国金币市场重中之重的问题。

（3）2018年大盘发行存量继续加速下行。2018年与2017年相比，2018年大盘发行存量下降幅度为8.05%，其中，纪念币下降幅度为9.77%。我国金币市场的这次深度调整是从2011年开始的。扣除相应发行增量，2011年大盘与2011年相比市值蒸发43.95%。虽然在2018年大盘发行存量中币种涨跌互现，但下跌的总动能大于上涨的总动能。如何有针对性逐步解决下拽2018年大盘发行存量下行的七大因素和激活发行存量已经不容回避。

（4）2018年国有专营企业开始进行改革调整，但有些深层次的问题尚未解决，特别是纪念币零售体系顶层设计的瑕疵仍在继续发酵，对金币市场的健康发展形成挑战。如何维护广大收藏投资消费群体的根本利益，坚定贯彻发售行政资源类商品的三公原则，已经成为影响金币市场发展的重大问题。

（5）2018年我国钱币鉴定评级市场在快速发展中存在不少市场乱象，市场的健康持续发展已经面临新挑战。如何利用市场手段加强对钱币鉴定评级市场的行业引导，实现对钱币鉴定评级公司的信用评价，已经成为引领这个市场发展的紧迫问题。

（6）目前我国金币市场的拍卖市场和市场交易虽然在不断改善，但是各种交易形式相对分散、交易价格的透明度较低、交易效率不能满足需求和假冒伪劣仍有生存空间等问题仍然存在。如何搭建我国金币市场的"市场交易综合服务平台"也已经摆到议事议程。

在全面分析我国金币市场的状况时，一方面要充分肯定市场的积极因素和发展变化；另一方面也要深挖影响市场发展的问题。分析研究问题不是要唱衰我国的金币市场，而是要以问题为导向，有针对性地解决这些影响市场发展的问题，最终促进我国金币市场的高质量发展。

四、市场如何科学健康稳定发展

全体市场参与者都希望我国的金币市场能积极向上和充满活力。2018年管理层和国有专营企业采取了一系列改革创新措施，已经取得初步成效。因此今后我国金币市场的发展仍然必须以问题为导向，继续走改革创新之路，将改革创新的步伐由浅水区迈向深水区，从改革创新中构建思路、寻找办法和迎接希望。

（一）顶层设计框架的改革创新

1. 指导思想的改革创新

按照我国现代贵金属币的基本属性和发行目的，牢固树立以人民为中心的发展思想，对我国的金币市场来说就是以收藏投资消费群体为中心，与收藏投资者消费群体同舟共济，失去了这个核心指导思想，我国金币市场的发展就是无源之水和无本之木。

2. 发展模式的改革创新

发展我国的金币市场必须按市场规律办事，要面对市场、适应市场、深挖市场和创新市场。对于具有发展潜力的市场，例如投资金币市场，必须采取有效措施大力发展。对于无法适应发展速度的市场，例如纪念币市场，必须降速发行规模。对于尚未开发的市场，例如礼品消费市场，必须加大开发力度。因此发展我国的金币市场必须由低质量向高质量转型，实现发展模式的改革创新。

3. 利益关系的改革创新

参与我国金币市场的经济成分和社会人员众多，促进市场的科学健康稳定发展，关键是调整市场参与者之间的利益关系，实现市场参与者之间的利益均衡，其中维护广大收藏投资消费群体的利益是重中之重。国有专营企业不宜从自身的经济利益出发考虑纪念币的发行规模，应积极调整一级市场中各种经营实体之间的利益分配关系，采取切实措施在零售体系中保护广大收藏投资消费群体的根本利益。市场规律告诉人们，在金币市场中消费终端的利益是市场发展的最大利益，因此要放水养鱼，斩断利益集团伸向收藏投资消费群体的黑手，真正实现利益关系的改革创新。

综上所述，我国金币市场顶层设计框架的改革创新就是要以指导思想的改革创新为根本，以改革调整各种利益关系为抓手，以维护广大收藏投资消费群体的根本利益为出发点，由发展模式的低质量向高质量转型，努力改善市场生态环境，最终实现我国金币市场的长期健康稳定发展。

（二）具体的改革调整措施

1. 实现发展重心的战略转移

实现我国金币市场发展重心的战略转移，主要是要将国有专营企业的领导重心、精力重心、人力重心和资源重心转移到发展投资金币的事业上来。要采取措施解决在产品结构、定价方式、定价水平、网络布局、销售服务、价格管控和市场管理等方面存在的问题，努力提高投资金币的市场竞争优势，扩展巨大的市场发展空间。上金所在挂牌交易30克普制熊猫金币的市场实践中，要通过解决目前突出存在的盈利模式和机制尚未形成、场内与场外的商品流通不畅和信息透明度不高等问题，逐步提高场内的交易量和活跃度，尽早达到设计预期，并通过30克普制熊猫金币在上金所的优异表现扩大投资金币的市场影响力。

实现我国金币市场发展重心的战略转移，要大幅度压缩目前纪念币项目的发行规模，不能为发行而发行，不能按企业盈利预期规划发行项目，可发可不发的项目坚决不发，必须要发行的项目要搞精搞细，努力提高文化艺术价值和市场认同度，加强纪念币发行的严肃性，不能走邮票发行的道路，通过大幅压缩纪念币项目真正实现把主要工作重心转移到发展投资金币上来。

我国的金币市场只有实现发展重心的战略转移，才有更大的市场发展空间。

2. 纪念币零售体系顶层设计的改革调整势在必行

我国现代贵金属币中纪念币零售体系顶层设计的瑕疵在 2018 年中继续发酵。这些情况主要反映在一级市场中的一些商业企业利用垄断地位疯狂投机炒作，严重侵害了广大收藏投资消费群体的根本利益，进一步暴露出纪念币零售体系顶层设计存在的突出缺陷。其实质是我国金币市场是为广大收藏投资消费群体服务还是为某些利益集团服务的核心问题。因此发展我国的金币市场必须进行纪念币零售体系顶层设计的彻底改革和调整，要在批发价和零售价的定价机制、明确零售价性质、管控风险转移、改革销售办法和调整经销机构布局等方面真正实现伤筋动骨的变化，最终兑现现代贵金属币的发行宗旨。没有纪念币零售体系顶层设计的改革调整，我国的金币市场就没希望。

3. 竭尽全力激活发行存量

在市场结构、热点转移、价值回归、机制创新乏力、增量制约、宣传偏移和预期惯性等因素的共同作用下，2018 年大盘发行存量继续加速下行。激活发行存量的任务已经迫在眉睫。如何激活发行存量，首先要解决管理层和国有专营企业的思想认识问题，要把发行增量和发行存量看作一个有机整体，不能仅关注发行增量的改革创新，忽视激活发行存量。更不能只顾发行增量，无视发行存量。特别是不能把激活发行存量的工作视为与己无关。激活发行存量还要解决实施路径问题，管理层和国有专营企业要为市场指引方向，以影响市场发展的七大影响因素为抓手，提供政策，鼓励各种力量积极参与，实现合作共赢和利益共享。在这里要突出解决在市场价值平衡、市场机制创新、增量制约和宣传推广中存在的问题。其中要特别着力解决目前在金币市场中存在的价值重心偏移问题，逐步实现现代贵金属币文化艺术价值与收藏投资价值的平衡和统一，减轻价格波动的压力。要通过改革创新重新挖掘出我国金币市场的新热点，换回大量资金和人群重新返场，逐步实现我国金币市场的起死回生。

4. 努力创造更佳的市场流通环境

市场交易是实现我国现代贵金属币市场价值的基本手段。为解决我国金币市场交易形式相对分散、交易价格透明度较低、交易效率不能满足需求和假冒伪劣仍有生存空间等问题，搭建金币市场的"市场交易综合服务平台"已经摆上议事日程。这项工程应由国有专营企业为主导，积极调动各种社会力量参与，经过艰苦努力创造出金币市场更加优质的市场流通环境。

5. 主动出击改善钱币鉴定评级市场的生态环境

目前我国的钱币鉴定评级市场快速发展，但积累的问题日益凸显。如果完全依靠市场手段进行调节，一方面，时间较长；另一方面，社会也会为此付出更大成本。面对当前现状，中国钱币学会应该出面建立行业管理组织，加强对这个行业的引导和管理，同时组建第三方的信用评价机构，对众多鱼龙混杂的钱币鉴定评级机构进行信用评价，引导市场优胜劣汰和健康发展。

最近一段时间人们经常可以听到有关我国金币市场的春天是否已经到来的讨论。几个币种价格的暴涨是不是春天来临的信号？有些经营企业开始赚钱了是不是标示着春天已经来临？实际上这里涉及我国金币市场春天来临的标准问题。什么是我国金币市场春天来临的标准？实际上价格涨跌只是一种表面现象，还要深挖价格涨跌的原因。从一般规律看，判断春天是否来临的标准应该是我国金币市场的生态环境是否逐步改善，收藏投资消费群体是否逐步壮大，利益分配关系是否平衡。如果在资本的投机炒作下几个币种的价格暴涨就是春天的来临，那么这种"春天"仅是少数利益集团的"春天"，并有可能使广大收藏投资消费群体跳入新的陷阱和严冬。

我国金币市场何时迎来新的春天是全体市场参与者密切关注的问题。春天的来临需要外部环境和内部因素双重作用。外部环境人们无法左右，但内部因素是可以通过人们努力改善的。人们可以相信，只要管理层、国有专营企业和其他市场参与者共同努力解决当前我国金币市场的深层次矛盾和突出问题，当外部环境具备时，我国金币市场的春天就一定会到来。

中国现代贵金属币市场分析 报告
2018
ANALYSIS REPORT

第三部分 展望

第六章 解读 2019 发行计划

2019年1月10日,中国人民银行通过官方网站公布了"2019年现代贵金属币项目发行计划"。以下将通过数据分析解读这个计划。

一、数据分析

为全面分析"2019年现代贵金属币项目发行计划",将主要采用与2018年实际发行情况相对比的方法进行。由于2019年号贺岁币已于2018年12月12日发行(已列入2018年实际发行统计),目前的分析假定是2020年号贺岁银币的发行量与2019年号贺岁银币的发行量相同。另外从数据的一致性出发,发行总重量的计算将统一换算成金衡盎司。

2019年发行计划与2018年实际发行状况的对比分析见附表6-1。由于投资币的发行计划仅具象征意义,熊猫精制币的实际铸造总量与计划相比也相差较大,以下将重点分析扣除熊猫精制币后的纪念币发行计划。

(一)纪念币供应总量分析

为提高数据的可比性,在以下的分析中首先扣除了熊猫精制币,并把其他纪念币分为了文化类项目和事件类项目。这些纪念币的发行计划与2018年实际发行状况的对比见图6-1和图6-2。

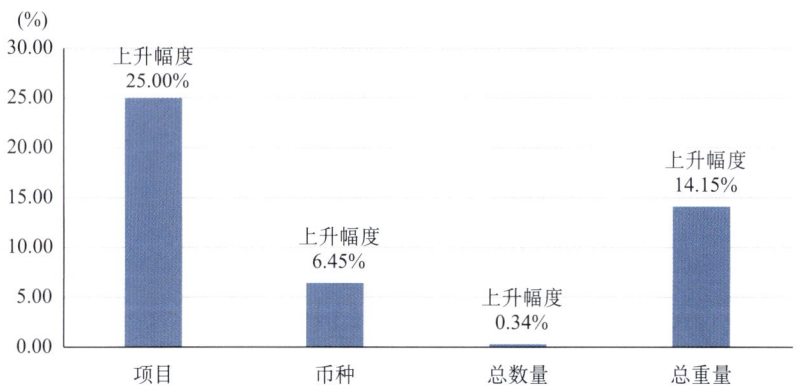

图 6-1　纪念币文化类项目 2019 年计划与 2018 年实际相比主要指标变化幅度

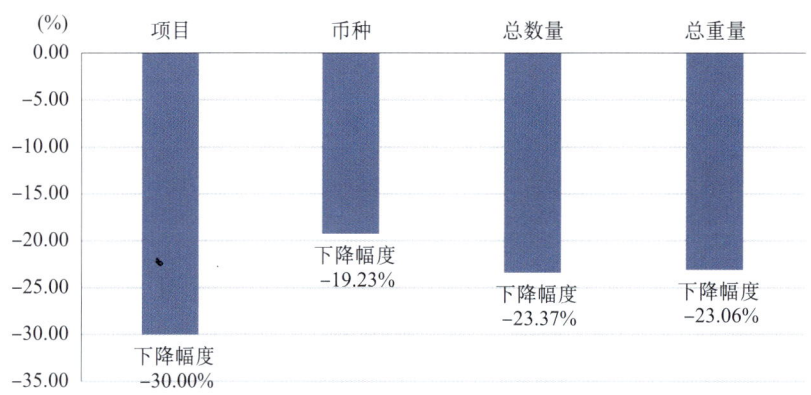

图 6-2　纪念币事件类项目 2019 年计划与 2018 年实际相比主要指标的变动幅度

通过附表 6-1、图 6-1 和图 6-2 可以看到：

（1）在文化类项目中，与 2018 年实际发行状况相比，项目数由 4 个增加到 5 个，增幅为 25%；币种数由 31 个增加到 33 个，增幅为 6.45%；发行的总数量由 370.68 万枚增加到 372.14 万枚，增幅为 0.34%；发行的总重量由 172.41 万盎司增加到 196.80 万盎司，增幅为 14.15%。

（2）在事件类项目中，与 2018 年实际发行状况相比，项目数由 10 个减少到 7 个，降幅为 30%；币种数由 26 个减少到 21 个，降幅为 19.23%；发行的总数量由 54.91 万枚减少到 42.08 万枚，降幅为 23.37%；发行的总重量由 63.16 万盎司减少到 42.08 万盎司，降幅为 23.06%。

（3）从事件类项目的情况看，根据近些年的惯例在发行计划基础上一般都会增加这类项目。2018 年增加了四个项目，增加的总重量为 27.56 万盎司，与当年事件类项目计划相比增幅 22.58%。如果保持相类似的增量惯性，是否可以判断 2019 年事件类项目的发行总重量将与 2018 年的实际状况基本持平。

（4）在 2019 年计划中，文化类项目的计划铸造总重量与 2018 年实际发行量相比增加 14.15%。根据往年情况，文化类项目的项目总数和币种总数一般与计划保持一致，主要的变化是计划量与实际铸造量之间存在差距。2018 年，文化类项目的计划铸造重量与实际铸造重量相比下降 27.49%，其中，生肖币的下降幅度最大，为 41.02%。从 2019 年发行计划的实际看，生肖币的计划发行重量已经做了大幅下调，其他项目的发行重量也已考虑了当前的市场情况。考虑到在 2019 年中实际铸造数量与计划相比仍会有下调，综合上述因素可以判断，2019 年文化类项目的发行总重量与 2018 年的实际状况相比也将基本持平。

（5）综合以上分析，2019 年纪念币的实际铸造重量将与 2018 年的实际铸造量大体相当。

（二）具体项目和币种分析

（1）在"2019 年中国北京世界园艺博览会贵金属纪念币"项目中增加了 1 枚 3 克铂币。这是时隔 14 年后铂币又一次现身市场。

（2）在"2019 吉祥文化金银纪念币"项目中，出现了 1 枚重量规格为 60 克的全新币种。这是贯彻盎司改克方针后由 2 盎司重量规格演变而来。

（3）随着"南开大学建校 100 周年金银纪念币"发行，院校类项目（之前已经发行 2 个）已经形成系列。在"南开大学建校 100 周年金银纪念币"项目中减少了 1 公斤银币的重量规格。

（4）作为系列项目的"中国能工巧匠金银纪念币（第 1 组）"，在

2019年没有连续发行。

（5）作为系列项目的"2019吉祥文化金银纪念币"项目，币种的材质和重量规格进行了大幅度重组。

二、解读计划

（一）投资币

从以往惯例看，投资币的发行计划一般仅有象征性意义，每年的实际执行情况与计划相比都有程度不等的差距。

投资币特别是投资金币是我国金币市场重要的物质基础，同时具有巨大的市场腾挪空间。如何实现我国金币市场的发展战略调整，已经成为我国金币市场面对的最重大问题。

从2019年投资金币的发展计划看，30克普制熊猫金币由2018年计划的70万枚，调整到2019年的100万枚。这个数据变化已经向市场发出重要信号，即在2019年中国有专营企业将在市场中加大拓展投资金币特别是30克普制熊猫的力度。人们应该相信，随着有针对性地逐步解决目前在这方面遇到的困难和问题，同时提升30克普制熊猫金币在上金所挂牌交易的效率，我国投资金币的市场规模将会不断扩大。

（二）熊猫精制币

熊猫精制币是我国熊猫币大家族的组成部分之一，目前属于纪念币范畴。从2018年项目的执行情况看，除了1公斤金币达到发行量之外，其他币种与计划量相比仍有较大差距。从2019年的计划量看，熊猫精制币各币种均与2018年计划持平。如果没有特殊措施，可以判断2019年熊猫精制币的实际铸造量仍会与计划量存在较大差距。

目前熊猫精制币在市场中存在一些缺陷，如果将熊猫精制币的一些币种进行结构性改造，将其纳入投资币行列，将会助力投资币的发展。

（三）纪念币

在这里定义的纪念币是扣除熊猫精制币之后的集合。

1. 总量预判

通过以上数据分析可以看到，按照近年的发行管理惯性，事件类项目的发行总重量有可能与 2018 年的实际发行状况持平。文化类项目考虑多种因素的平衡，也有可能与 2018 年的实际发行状况相差不大。综合以上因素，2019 年纪念币的供应总重量与 2018 年的实际发行状况相比将在小范围内波动。从供应总量角度观察，纪念币发行量的变化对市场供需关系的影响将保持中性。

2. 发行项目分析

（1）文化类项目。在文化类项目中贺岁币连续发行了五年，已经成为系列项目，受到市场普遍欢迎和认可。这个项目在 2019 年的继续发行将可形成板块联动效应，提升市场对整个贺岁币板块的关注度。

书法币在 2018 年首次启动，在设计和直销等多种因素带动下，市场表现不错。相信这个项目如果能延续 2018 年的成功经验，市场认同度也应不低。

平遥古城纪念币属于世界遗产系列项目的一部分，目前已经是这个系列的第八个项目。希望这个项目的设计能充分反映平遥古城的文化底蕴，受到市场欢迎。

生肖项目是纪念币项目的重头戏。2019 年生肖币的计划发行量已经做了较大调整，相信实际铸造量与计划量相比已经没有太多的下调空间。目前我国每年发行的生肖币的现状是内部结构繁杂和币种众多，对此市场已有进行改造的强烈呼声。从 2019 年的发行计划看，在这方面仍然没有大的动作。今后如何听取社会意见值得关注。

吉祥文化也属于系列项目，自 2015 年以来已经连续发行四年，2019

年吉祥文化纪念币是这个系列的第五组。客观地讲这个系列项目的设计雕刻水平不错,采用了很多新技术,文化内涵丰富。但是由于系列项目之间的变化不大,加上其他市场因素,这个系列项目的市场表现不尽人意。在2019年的发行计划中,对这个项目的币种结构进行了大幅度改造,希望能够重新唤起市场对这个项目的热情。

大国工匠币也是系列性项目,2018年发行第一组后2019年已经停发,希望是暂时性措施。

(2)事件类项目。在2019年的发行计划中,从整体来看事件类项目没有特别突出的热点。其中的"中华人民共和国成立70周年金银纪念币"属于重大政治题材,前后已经发行相应项目五组。在国家强大的宣传舆论下,这个项目应该有时段性热潮,但是能否持久,关键要看具体币种的设计雕刻水平是否能有让人眼前一亮的创新。

3. 发行币种分析

2019年发行纪念币的具体币种总体上与已有币种的结构基本相同,其中,最大的亮点是3克铂币。铂币已有14年没有在新发币中出现,如果这个币种能够有出彩的设计雕刻,再加上材质的稀缺性,相信一定会受到市场欢迎。

另外,关于新增的60克银币问题,这是盎司改克的结果,不是实质性创新。2盎司银币在我国现代贵金属的发行历史上已有37枚,仅有极少数币种符合严格的加厚币标准。因此,不能仅凭60克的重量就说它是加厚币。在"2019年现代贵金属币项目发行计划"中把这枚银币定义为加厚币的说法值得商榷。

4. 设计雕刻质量分析

从市场供应的大概念讲,除了供应的数量之外,供应的质量也是应该考虑的重要问题,供应的质量包括设计雕刻的艺术质量和铸造加工的生产质量。

根据以往惯例,以上质量问题只有当币种发行面世时才能知晓。但是今年的情况有所不同。2019年1月30日，国有专营企业已针对"世界遗产（平遥古城）金银纪念币""中国书法艺术（隶书）金银纪念币"和"2019年中国北京世界园艺博览会贵金属纪念币"的图案设计向全社会公开征稿，这是继2008年奥运会项目向社会公开征稿后的又一次公开征稿活动，反映了国有专营企业希望集众人之力将这些项目打造成精品项目的初衷，值得点赞。

目前面向社会公开征稿的项目仅有三个，人们期望其他项目的设计雕刻也能不断总结经验，深入了解民情民意，挣脱一些自设的条框禁锢，把好审查引导关，争取把每一枚纪念币都设计雕刻成专家认可和群众满意的艺术精品。同时人们期待，我们的造币企业能够将铸造质量真正当成企业生存的命脉，大力解决目前在现代贵金属币铸造过程中存在的一些比较突出的质量问题，例如金币的红癍和银币的白雾白癍问题，为广大收藏投资消费群体奉献出能够经受时间检验的钱币精品。

从以上纪念币发行计划的整体情况看，目前发行纪念币项目的总体量仍然偏大，如何大幅压缩纪念币的发行项目和规模，把每个项目和币种都打造成精品，实现我国金币市场发展战略的重大调整，将是社会所期待的。

第七章 研究判断 2019 年市场发展态势

引发我国金币市场发展态势变化的原因复杂多样，具有很多不确定性，研究判断 2019 年的发展态势是一项极具挑战性的工作。所谓研究判断 2019 年的发展态势，将以研判价格走势为主线，同时关注影响发展态势的其他重大问题，通过总结历史规律，试探性研究我国金币市场的可能发展方向。

从一般规律讲，研究判断 2019 年市场的整体价格走势，就是研究供需关系变化。总供给大于总需求，市场价格将会下跌。总供给小于总需求，市场价格就会上涨。值得注意的是，我国现代贵金属币的市场存量自然损耗相对较小，增量每年还在不断聚集，这是我国现代贵金属币总供给的基本特性。从需求角度看，不能简单按人口计算，也不遵循价格越低需求越大的一般经济学规律，它最终将以入市资金形式反映。由于我国的现代贵金属币属于非刚性需求的工艺或艺术类收藏品，决定需求的关键因素是市场预期。有收藏投资价值的比较优势，就会有大量资金入场，没有收藏投资价值的比较优势，大量资金就会撤退离场，即买涨不买落。研究需求主要是分析市场预期。影响市场预期的两大因素就是外部环境和内部因素。

一、外部环境

分析外部环境主要包括贵金属价格走势、货币流动性、股市运行状况、艺术收藏品市场的大环境和国际国内宏观经济状况。

（一）贵金属价格走势

2018年我国现代贵金属币的平均贵金属变动成本溢价率（料价比）为1.367，在整个市场价总值中，贵金属权重占比为73.13%，因此可以说贵金属价格变化对金币市场价格走势具有重大影响。另外，在2018年的整个市场价总值中金币占比为76.42%，为简化起见，以下将主要分析黄金的价格走势。

2018年国际黄金价格在1 160.10～1 366.05美元/盎司波动，加权平均价格为1 270.57美元/盎司，与2017年平均金价相比上升1.23%。

2019年伊始，国际黄金价格开始震荡上行，在结束撰写本报告之时，国际黄金价格处于1 310美元/盎司附近。

为观察国际黄金价格的总体变化趋势，查询了国际11家金融机构对2019年黄金价格走势的研判，见附表7-1。汇总这些机构的预判数据后，2019年黄金价格的可能行走区间见图7-1。

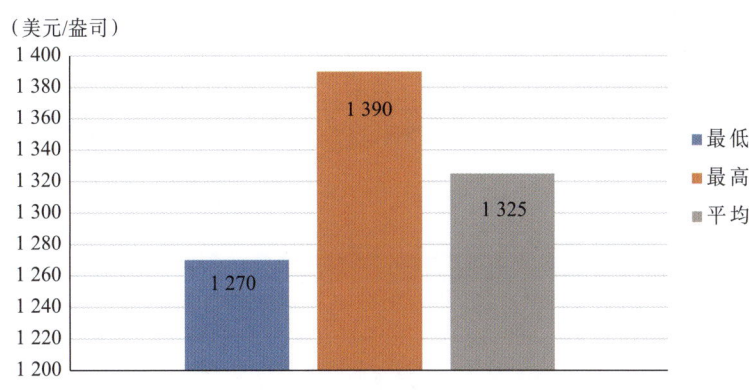

图7-1　2019年国际黄金价格走势预判

如图7-1所示，综合这11家金融机构的研究，预判2019年黄金价格的走势将在1 270~1 390美元/盎司震荡，加权平均价格有可能位于1 325附近。从这些金融机构的分析看，已经普遍看好今后黄金价格的走势。预判这种价格走势的主要原因是，随着美联储暂停加息、英国脱欧以及全球经济增长放缓，美元的强势趋势正在逐步逆转。由于国际政治和经济的不确定性、金融市场的波动性、地缘政治因素和对投资需求的增长等因素，2019年将有利于黄金价格上涨。

综合以上分析，2019年国际黄金价格震荡走高将是大概率事件，与2018年相比价格重心将继续上移，形成新的箱体震荡，但突破1 400美元/盎司的概率不大。国际黄金价格走势是影响我国金币市场整体走势最重要的外部环境。2019年黄金价格走势对我国金币市场有可能形成一定支撑。

（二）国内货币流动性

货币流动性是指货币在市场上的投放量。由于我国的现代贵金属币属于非刚性需求的工艺或艺术类收藏品，历史发展证明货币流动性状态对我国金币市场的走势将产生一定影响。

M1与M2的比值（M1/M2）是反映货币流动性结构强弱变化的重要参考指标之一。2008~2018年，M1与M2比值（M1/M2值）的走势见图7-2。

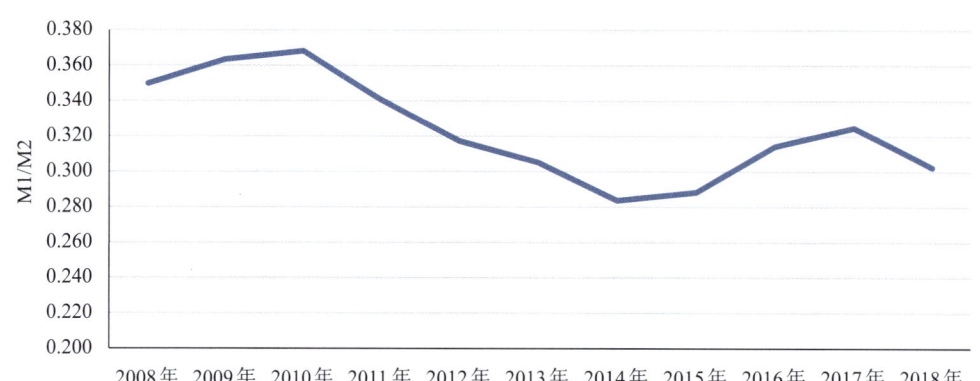

图7-2　2008年至2018年我国货币供应结构指标（M1/M2）走势

如图 7-2 所示，由于受到宏观经济形势影响，国内货币流动性趋弱。2019 年央行将继续保持货币政策稳健中性，提升金融宏观调控的前瞻性和针对性，充分发挥货币政策的逆周期调节作用，主动加强定向调控、区间调控，保持银行体系流动性合理充裕，同时打好防范化解重大风险的攻坚战。综合以上分析，2019 年国内的货币流动性不会普遍过于宽松。

（三）股市运行状况

受到国内外经济环境影响，近几年我国的股市始终处于低迷状态，对投资市场造成一定负向拉拽。目前我国股市的运行状况既受到国内外宏观经济形势影响，也有自身的结构性问题。据有关机构预测，如果宏观经济逐步企稳，股市的结构性问题能够逐步完善，风险偏好和流动性改善，投资者信心逐步恢复，2019 年我国股市有可能结束单边下行格局，并有望走出底部，实现修复性上涨。

（四）国内艺术收藏品市场状况

我国的现代贵金属币属于以货币形式出现的工艺或艺术类收藏品，身处整个艺术收藏品市场之中，艺术收藏品市场的整体走势也会程度不同地对我国的金币市场产生影响。

当前我国艺术收藏品市场正处于关键的结构转型期。随着国家不断出台政策，大力扶植文化艺术产业，促使艺术收藏品市场开始转型升级。特别是艺术电商和网络拍卖等线上交易模式发展迅速，大众化艺术消费不断增长，艺术收藏品交易与资本和金融结合也出现新动向，构成了结构转型的基本动力。另外，随着宏观经济下行压力加大和货币流动性不足，整个艺术收藏品市场自 2011 年开始调整后尚未出现全面复苏迹象。在市场中虽然强者恒强的规律仍在发挥作用，也出现了一些热点和资金流入，但是这些情况没有形成对整个市场的有力支撑，整个艺术收藏品市场继续走弱将是大概率事件。

（五）国际国内宏观经济形势

2018年国际经济延续温和增长，但动能有所放缓。由于贸易战、保护主义和单边主义抬头，在增长态势分化、通胀水平分化、货币政策分化和金融市场分化等因素影响下，国际宏观经济的不确定不稳定性因素增多，下行风险加大。2019年国际经济金融形势更加错综复杂，将继续面临严峻挑战。

2018年我国经济深入推进供给测结构性改革，加大改革开放力度，有效应对外部环境深刻变化，迎难而上，稳中求进，经济结构继续向高质量发展，保持了经济持续健康发展和社会大局稳定，取得了突出成绩。与此同时我国经济的运行也面临稳中有变、变中有忧，下行压力加大的困难。2019年我国经济将面对外部复杂严峻的环境，在党中央正确领导下，进一步稳就业、稳金融、稳外贸、稳外资、稳投资和稳预期，经济长期向好的态势不会改变。

简单来看，好像国际国内的宏观经济与我国金币市场没有紧密相关的互动关系。但是深入观察，宏观经济的持续发展将会提高人民的物质和文化生活水平，改善民众的文化和艺术消费投入，从而有可能逐步扩大我国现代贵金属币的收藏投资消费群体。

通过以上分析可以看到，2019年国内货币流动性不会普遍过于宽松，股市将有可能出现修复性上涨，整个艺术收藏品市场的形势仍然不容乐观，国内宏观经济形势将稳中向好，特别是与我国金币市场密切相关的黄金价格将有可能逐步企稳回升。综合这些因素，外部环境对2019年金币市场的影响将是中性偏好。

二、内部因素

（一）影响价格走势的因素

1. 有利因素

（1）2018年我国金币市场的顶层设计开始启动新一轮改革创新。在广泛听取社会各方面建议的基础上实施了一系列改革调整措施，如主动下调纪念币的发行规模；试探性改变纪念币的设计理念；按"三公原则"积极进行纪念币发售新方法的尝试；改善宣传推广方式等。随着这些改革创新措施不断深入，将为金币市场发展带来新希望。

（2）2018年纪念币新品发行已经开始结束2017年新品发行全局性跌破价的尴尬局面，出现了上涨总动能大于下跌总动能的新动向，提振了市场向好发展的信心。

（3）目前管理层和国有专营企业正在积极推进销毁库存积压产品的有关工作。人们可以相信随着这项措施落地和向社会完整公布销毁细目，一定会对市场形成重大利好。

（4）2018年市场信息传播和交易方式变革不断加速，这种发展态势在2019年一定会继续发展，为提高市场交易效率、提升市场信息透明度和改善价值转换质量提供新动力。

（5）尽管目前我国金币市场的整体弱市状态并没有完全扭转，但是民间的积极力量仍然不离不弃，宣传中国金币文化内涵的正能量正不断聚集，筹建中国钱币学会下属"贵金属币收藏与研究专业委员会"的工作也在积极推进。所有这些积极的力量和举措将为2019年金币市场的发展带来新曙光。

2. 不利因素

（1）2018年新品发行的市场表现仍然比较脆弱，能否经受更长时间考验还需市场检验。预计2019年新品纪念币发行的总量将与2018年基本持平，且热点不是十分突出，在弱市中市场能否适应值得观察。

（2）目前我国现代贵金属币的收藏投资价值比较优势整体继续趋弱，热点不足，已经造成入场资金和人员大幅减少，发行存量的市场交易价格加速下行，对市场发展的负面预期还没有发生根本改变。如何激活发行存量的艰巨任务已经摆在全体市场参与者面前，同时也对2019年金币市场良性发展形成重大考验。

（3）目前我国金币市场改革调整的一些深层次问题尚未解决，特别是纪念币零售体系顶层设计的瑕疵仍在继续发酵，侵害和打击了广大收藏投资消费群体的根本利益和积极性，形成了市场交易价格剧烈波动，对市场的长期健康发展造成新隐患。如果这个问题在2019年没有根本改善，对市场的发展也是不利的。

（4）目前我国金币市场重视投资价值轻视文化艺术价值的结构性问题仍然比较突出。在没有正向预期导向下，市场结构存在的这个问题对吸引资金和人员进场也是不利的。

（5）目前我国金币市场二级市场的运行机制创新乏力，已经形成小钱玩不动大钱没进来的被动局面。如果这个问题不逐步解决，启动我国金币市场也将是非常困难的。

（二）影响市场发展的更深层次因素

市场价格的走势只是一种表面现象，它反映的是市场内部更深层的结构性问题。任何市场价格的上涨和下跌都不是无缘无故的，它主要是由内部结构性因素变化引起。

（1）投资币特别是投资金币的问题，目前市场发展空间巨大，但是目前的市场发展战略重心存在偏差，发行纪念币投入的精力过大，解决投资金币发展问题的投入不够。

（2）目前管理层和国有专营企业把主要的精力放在了新品发行上，

对激活发行存量的重要性认识不足和措施不利。

（3）目前我国金币市场二级市场的运行机制创新不足，传统的运行机制仍占据主导，激活发行存量尚未形成有效的措施和办法，仍处于纸上谈兵的状态。

（4）目前市场信息的透明度和交易效率问题主要依靠民间力量推进，仍不能适应市场发展需要。这些问题如果没有国有专营企业的积极引导和介入也很难有大幅改善。

市场参与者关注市场交易价格走势无可厚非。要想解决交易价格的走势必须从影响价格走势的内部结构因素入手。在本报告的市场分析部分，一方面充分肯定了发展我国金币市场的积极因素，同时也对存在的一些深层次结构性问题进行了深入分析，并提出相关具体的改善建议。当前的发力点是以问题为导向，继续深化金币市场的改革创新，并将改革调整的脚步迈向深水区，进一步改革完善发展我国金币市场的指导思想，实现发展战略的重大调整，改变利益不平衡状态，改善市场生态环境，巩固改革创新取得的成果，并将不利因素转化为有利因素，实现我国金币市场的长期健康稳定发展。

三、总体研究判断市场发展态势

在2019年中，外部环境对我国金币市场的影响中性偏好，内部既有积极因素也有不容忽视的问题。2019年我国金币市场如何发展，关键要看进一步深化改革创新的力度和能否有针对性地解决当前市场存在的突出问题。

应该看到我国金币市场的改革创新将迈入深水区，涉及各种利益关系的调整不会是一种声音和一蹴而就，一定会遇到各种困难和阻力。另外，我国金币市场这次调整的时间较长，幅度较大，积累的问题也较多，解决问题的难度加大，需要为此付出时间成本和机会成本，提振正向的市场预期和恢复市场信心不可能轻而易举。

根据以上对多空因素和市场内部结构性因素的分析，2019年我国的金币市场将继续在困难和探索中前行，市场交易价格在反复震荡中有可能进一步下探，市场风险进一步释放，出现V型反转的概率较低，但是下跌的动能将有可能缩小。

尽管在短时间内我国金币市场的发展仍将比较艰难，但从更长的时间跨度观察，我国金币市场总体向好的趋势不会改变。面对成绩与问题、困难与机遇、希望与挑战人们不应丧失信心，要从长远发展着眼，认清中国金币市场发展的大方向。只要全体市场参与者积极投入我国金币市场的改革创新工程，努力创造出新的热点，从根本上改变市场预期，积极吸引大量资金和人员进场，在外部环境配合下我国的金币市场就一定会迎来更美好的明天。

附 录

一、中国贵金属币市场 2018 年纪事[①]

1月5日

据有关媒体报道,"12.29 邮币卡专案"义乌部分正式进入公诉阶段,140 余名犯罪嫌疑人被提起公诉。据悉该案件涉及全国各地 1.8 万余名受害者,案件中被告公司累计获益 5 亿余元。6 月 22 日绍兴市中级人民法院对一起特大邮币卡类电信诈骗案做出一审判决,64 名被告全部被判诈骗罪,其中,主要犯罪嫌疑人判处有期徒刑 15 年,并处罚金 300 万元。10 月 29 日至 11 月 2 日,河北邮币卡中心会员浙江华恩公司诈骗案在金华市中级人民法院开庭审理。检方认为,本案系集团犯罪,骗取被害人共计 5.46 万余人,骗取资金共计 11 亿多元。2014~2016 年,邮币卡电子盘诈骗活动突然在全国涌现,他们打着互联网+文化+金融创新的旗号,在全国范围引诱投资者炒作邮币卡,造成大量投资者血本无归。

1月19日

中国人民银行货币金银局在北京召开贵金属纪念币工作优化座谈会。国内有关专家、学者、收藏家、美术专家和经营者代表参加会议。这是

---

① 由赵燕生根据相关媒体报道和"中国现代贵金属币信息分析系统"提供的数据编辑整理而成。

首次由中国人民银行货币金银局直接听取市场各方建议召开的金币市场专业会议。

2月28日

《中国现代贵金属币文化艺术价值问卷调查分析报告》在北京发布。这次问卷调查活动前后历经3年时间，参与人员包括国内艺术及美术专家、钱币设计雕刻及铸造管理专家、社会文化专家、经济专家、著名收藏专家和钱币收藏爱好者接近700人。这次问卷调查活动对我国1979~2015年发行的现代贵金属币的文化艺术价值进行了全面评价，是使用定量方法研究文化艺术价值的首创。

3月12日

中国金币总公司在北京召开金币工作专家座谈会。国内钱币收藏家、中国人民银行货币金银局领导和金币总公司领导等参加会议。会议以"涵养市场、提振信心，促进金币市场高质量发展"为主题，广泛听取了各方人士的意见和建议。

3月20日

清理整顿各类交易场所部际联席会议（以下简称联席会议）在北京组织召开清理整顿各类交易场所"回头看"后续工作会议。会议传达了国务院领导同志对清理整顿各类交易场所"回头看"工作所做的批示，通报了"回头看"工作开展情况，明确下一步清理整顿工作目标和要求。会议对推动做好"回头看"后续工作、切实巩固清理整顿各类交易场所工作成果，具有十分重要的意义。

3月30日

源泰评级在工作会议上公司透露已经开始将 AI 人工智能引入钱币鉴定评级业务的研究和探索，反映出钱币鉴定评级业务未来可能的发展方向。

4月9日

2018 年中国金币工作会议在京召开。会议强调要积极推进金币市场供给侧的体制创新和优化，以市场为导向，聚焦金银币主业，涵养市场，提振信心，规范衍生品管理，营造良好的金币生态。在 4 月 26 日于厦门举行的金币市场专业委员会会议上，中国金币总公司介绍了若干即将采取的改革调整措施。

4月17日

商务部流通业发展司联合中国拍卖行业协会在京发布《中国拍卖行业发展报告（2017）》。报告显示 2017 年拍卖行业规模基本稳定，其中文物艺术品拍卖总额 339.54 亿元，现代贵金属币占比为 1.18%

5月18日

北京出版社发行由汪洋、陈景林和林振宇编著的《中国金银币标准目录》。

6月28日

"中国书法艺术（篆书）金银纪念币"开始面对公众发售。在这个项目一级市场的销售中，中国金币总公司开始试行行政资源类商品销售的三公原则，大幅提高了面对公众直销的比例，是顶层设计改革调整的一次试验，得到收藏投资及消费者的好评。

7月30日

中国人民银行在中国金币总公司召开领导干部宣布任职会议。宣读了总行党委的决定,提名牟善刚同志为中国金币总公司董事长,任命牟善刚同志为中国金币总公司董事会党组书记。

9月12日

30克普制熊猫金币在上海黄金交易所正式挂牌。这是我国贵金属纪念币发行管理和交易方式的一次改革,是构建权威、公允的贵金属纪念币交易平台的重要举措,有利于拓宽社会公众投资渠道,引导公众理性参与熊猫金币投资,打通我国黄金市场与金币市场的产品通道,促进两个市场资源共享、资本融通和共同繁荣。数据显示,到目前为止30克普制熊猫金币在上海黄金交易所挂牌交易的日交易数量相对较小。

9月15日

在成都举办的第三届全国币友联谊会座谈会上,与会人士共同提出组建"中国金币收藏投资及消费者组织"的倡议。

9月22日

由民间发起并主办的金币市场座谈会在上海举行。与会人士围绕"提振信心、凝聚力量、深挖精品、共创未来"的会议主题展开研讨,同时积极响应成都联谊会提出的组建"中国金币收藏投资及消费者组织"的倡议。在举办这次民间座谈会的同时,还首次举办了中国金银币民间精品展。

10月17日

中国金币总公司在西藏林芝召开的金币市场专业委员会会议中透露,

已将所有不适销的金银币进行了核查统计。这些待销熔的品种将上报中国人民银行批准后依法依规进行销毁。

11月16日

在发行的"2019中国己亥（猪）年金银纪念币"中共有5个币种的实际铸造量为公告量的50%，这些币种是阳光工程实施以来公告量与实铸量差距最大的币种。

11月19日

经过清理整顿各类交易场所"回头看"验收工作，南京金陵文化产权交易中心恢复部分产品正常交易。这家交易中心不将任何权益拆分为均等份额公开发行，不提供集中竞价、电子撮合、匿名交易、做市商等集中交易方式进行交易服务，不将权益按照标准化交易单位持续挂牌交易，支持买入后卖出同一交易品种的时间间隔不得少于5个交易日。

12月5日

由永银文化发展集团创办的永银钱币博物馆在南京举办开馆典礼。这是在中国金币零售体系内由经销商开办的第一家综合性钱币博物馆。同日永银文化发展集团还举办了"共生——2018中国钱币产业发展高峰论坛"。

12月7日

中国收藏家协会、全国钱币收藏联盟所属的"金银币委员会"在中国香港宣布成立。

12 月 31 日

2018 年计划发行现代贵金属币项目 11 个，实际发行 15 个，与计划相比增加 4 个项目，与 2017 年相比增加 1 个项目。在不包括投资币和熊猫精制币的统计口径下，2018 年纪念币的实际铸造量与公告量相比减少 13.42%，与 2017 年的实际铸造量相比减少 15.21%。2018 年全部新发币种的市场价总值为 69.75 亿元，与零售价相比下降 2.32%，其中投资币下降 5.92%，纪念币上升 2.65%。

12 月 31 日

2018 年我国金币市场的市场总值为 1 402.33 亿元，与 2017 年相比下降 3.24%。2018 年发行存量市场价总值为 1 332.58 亿元，与 2017 年相比下降 8.05%。

12 月 31 日

2018 年我国金币市场的拍卖成交总额为 4.79 亿元，与 2017 年相比上升 18.89%。其中网络拍卖成交总额占全部拍卖成交总额的 89.05%，境内拍卖成交总额占全部拍卖成交总额的 92.41%。

12 月 31 日

2018 年我国现代贵金属币的鉴定评级数量为 140.25 万枚，与 2017 年相比下降 36.95%，其中，评级币下降 61.87%，封装币下降 13.39%。另据有关网络媒体统计，目前在我国的钱币市场中已有各类钱币鉴定评级公司 147 家。

附　录

二、主要名词解释及定义

（一）**中国现代贵金属币**：指 1979 年以后中国人民银行公告发行的所有现代贵金属币，它由投资币和纪念币两大部分组成。

（二）**投资币**：指由中国人民银行发行，主要易于贵金属投资的现代贵金属币。在我国现代贵金属币体系中，特指 1 盎司、1/2 盎司、1/4 盎司、1/10 盎司、1/20 盎司 5 种普制熊猫金币和 1 盎司、1/2 盎司 2 种普制熊猫银币。2016 年开始实行金衡盎司改为国家标准重量单位克后，特指 30 克、15 克、8 克、3 克、1 克 5 种普制熊猫金币和 30 克普制熊猫银币。

（三）**纪念币**：指由中国人民银行发行，具有特定主题或特定纪念题材的贵金属币。在我国现代贵金属币体系中，特指扣除投资币之外的所有贵金属币。

其中，特定主题纪念币（简称文化类纪念币），主要指具有特定主题的现代贵金属币。例如"2014 中国甲午（马）年金银纪念币"。

特定纪念题材纪念币（简称事件类纪念币），主要指具有特定纪念题材的现代贵金属币。例如"中华人民共和国成立 60 周年金银纪念币"。

（四）**数据分析范围**

1. 2018 大盘：特指中国人民银行 1979～2018 年发行的所有现代贵金属币的集合。

2. 2018 年大盘发行增量（简称 2017 年板块），特指中国人民银行在

2018 年发行的所有现代贵金属币的集合。

3. 2018 年大盘发行存量（简称 2017 年大盘），特指中国人民银行 1979～2017 年发行的所有现代贵金属币的集合。

4. 2011 年大盘：特指中国人民银行 2011 年以前（包括 2011 年）发行的所有现代贵金属币的集合。

（五）指标体系

1. 价格指标系统

（1）不变成本（简称 BB）：指币种发行时的贵金属价值。

（2）零售价（简称 L）：指币种发行时的零售指导价或初始发行价。

（3）变动成本（简称 BD）：指后期变动的贵金属价值。

（4）市场价（简称 S）：指后期变动的市场交易价格。

2. 评价收藏投资价值的直接指标系统

（1）零售价/不变成本（简称 L/BB）：用于衡量现代贵金属币不变成本与零售价之间的溢价率。

（2）市场价/零售价（简称 S/L）：用于衡量现代贵金属币市场价与零售价之间的溢价率，即贵金属币的实际增值幅度。

（3）市场价/不变成本（简称 S/BB）：用于衡量现代贵金属币市场价与不变成本之间的溢价率，或简称贵金属币不变成本溢价率。

（4）市场价/变动成本（简称 S/BD）：用于衡量现代贵金属币市场价与变动成本之间的溢价率，或简称贵金属币变动成本溢价率（俗称料价比），即货币溢价因素提供价值的幅度。

3. 评价收藏投资价值的相对指标系统

（1）（市场价/零售价）/CPI 比较值（简称 CBZ）：用于衡量现代贵金属币实际增值幅度是否跑赢同期 CPI 的指标。

（2）（市场价/零售价）/存款利率比较值（简称 LBZ）：用于衡量现代贵金属币实际增值幅度是否可以跑赢同期存款利率的指标。

（3）（市场价/零售价）/货币贬值幅度比较值（简称 HBZ）：用于衡

量现代贵金属币实际增值幅度是否可以跑赢同期货币贬值的指标。

（说明：当 CBZ、LBZ、HBZ 大于 1 时，表明币种或板块的实际增值幅度优于相应经济指标，反之表明弱于相应经济指标。）

（4）比较值综合评分（简称 BH）：用于衡量现代贵金属币收藏投资价值的综合指标，也叫综合投资价值指标。它是 CBZ 值、LBZ 值、HBZ 值、GBZ－1 值和 GBZ－2 值的算术相加的总和。比较值综合评分（BH 值）主要用于评价各币种或板块之间的相对投资价值，单独使用没有经济意义。

（5）市场价格涨跌能力：可简称为"价格涨跌系数（X 值）"。当现代贵金属币大盘下跌时可称为"抗跌系数"，当现代贵金属币大盘上涨时可简称为"助涨系数"。"市场价格涨跌能力（X 值）"主要用于定量计算某一特定板块或币种的价格变动幅度，相对于现代贵金属币大盘价格变动幅度的优劣。

4. 市场交易活跃度指标系统

（1）成交顺畅：指市场流通量较大，有价有市。

（2）成交不畅：指市场流通量一般，有价无市。

（3）成交困难：指市场流通量很少，无价无市。

5. 上述指标的设计原理和计算的数学模型详见由西南财经大学出版社发行的《中国现代贵金属币的理论与实践》。

（六）币种重量规格分类

1. 特大规格币种：贵金属含量大于等于 5 000 克的币种。

2. 大规格币种：贵金属含量小于 5 000 克，大于等于 1 000 克的币种。

3. 中等规格币种：贵金属含量小于 1 000 克，大于等于 100 克的币种。

4. 一般规格币种：贵金属含量小于 100 克，大于等于 1/10 盎司的币种。

5. 小规格币种：贵金属含量小于1/10盎司的币种。

（七）金币市场：与中国现代贵金属币的发行、销售、收藏投资消费、市场流通和市场服务相关的全部市场活动。

（八）一级市场：特指在我国现代贵金属币流通环节中，包括国有专营企业批发环节，以及批发环节后进行第一次价值转换的市场交易活动。

（九）二级市场：特指在我国现代贵金属币流通环节中，完成上述市场交易活动后，继续进行价值转换的市场交易活动。

（十）钱币鉴定评级：首先对钱币的真伪进行鉴定，并对此承担相应的商业担保，在此基础上使用定量评价方法，对钱币品相的优劣进行评价的商业活动。其中，全部完成上述评价流程的钱币称为评级币。只对真伪进行鉴定，不对品相优劣进行评价的钱币称为认证封装币，简称封装币。

三、主要数据来源说明

1. 中国现代贵金属币的发行数据来源于：①中国金币总公司编写由西南财经大学出版社出版的《中华人民共和国贵金属纪念币图录》。②中国金币总公司官方网站。③相关历史档案。

2. 市场交易数据来源于：①赵涌在线、易金在线、贝珍网、北京易藏网络技术有限公司旗下"易藏拍卖平台"、海瑞德拍卖行（香港）、一只鹿拍卖平台、北京东西方国际拍卖有限公司、泰星硬币（日本）、现代钱币网、捡克拍卖平台和首席收藏网链接的其他19家拍卖公司的共计864场拍卖会数据。②对拍卖未见成交的币种，于2018年12月邀请国内有代表性的11个相互独立的系统报出市场交易价。他们主要是（按姓氏笔画为序）：丁林、万志国、王春朝、支小赣、白冰、刘子辉、李振亭、姚之元、徐弘、徐建新和蔡茂。

3. 30克普制熊猫金币在上海黄金交易所的数据来源于：上海黄金交易所官方网站、上海黄金交易所易金通APP平台。30克普制熊猫金币场外交易价格来源于北京马甸钱币交易市场和上海卢工钱币交易市场报价。

4. 钱币鉴定评级的数量及结构数据来源于：NGC（美国）、PCGS（美国）、北京中金国衡收藏钱币鉴定评级有限公司、中钞国鼎投资有限公司、上海源泰艺术品服务有限公司、中钱国信收藏品鉴定评级（北京）有限公司、北京公博古钱币艺术品鉴定有限公司、北京众诚国鉴收藏品鉴定有限公司、北京国鉴钱币艺术品鉴定中心、广州爱藏艺术品鉴定有限公司、上海闻德古钱币艺术品鉴定评估有限公司、北京华夏古泉艺术品有限责任公司、南京保粹钱币评级有限公司和北京华龙盛世钱币艺术品鉴定有限公司等 14 家钱币鉴定评级公司按统一标准报送的数据。

5. 宏观经济数据来源于国家统计局、中国人民银行和国家外汇管理局的官方网站。

6. 贵金属价格数据来源于上海黄金交易所和伦敦贵金属交易所。

7. 国际官方铸币用金数据来源于汤森路透 GMFS。

8. 国内黄金消费数据来源于中国黄金协会官方网站。

9. 国际金融机构评判 2019 年黄金价格走势数据来源于刘磊和王东阳协助查询的结果。

10. 分析数据来源于"中国现代贵金属币信息分析系统"。

向以上提供数据支持的有关机构、公司和人员表示感谢。

四、"中国现代贵金属币信息分析系统©"说明

研发"中国现代贵金属币信息分析系统©"的主要目的是使用定量分析工具对我国金币市场的运行状况进行研究。在《中国现代贵金属币市场分析报告（2018年）》中的分析数据全部出自这个分析系统。

为保证系统科学有效，"2018版分析系统"（以下简称"分析系统"）继续使用原有的理论框架、指标体系、分析方法和数学模型，同时在此基础上进行了如下全面升级和调整：

1. 将现代贵金属币的收藏投资价值分析系统和文化艺术价值分析系统进行整合，形成了全新的"中国现代贵金属币信息分析系统©"。

2. 根据2018年增量币种的新变化，对分类体系进行了相应调整。

3. 根据分析需要，创建中国现代贵金属币年化收益率分析、钱币鉴定评级分析和钱币拍卖分析的子系统。

4. 经进一步调查论证，对个别币种的实铸实售量进行了调整。

5. 为保证录入系统各种数据的可靠性、代表性和连续性，在2018年各项数量及价格信息的采集过程中，继续采用了以下方法和原则。

①有记录可查询的顺畅成交原则：即参与计算的市场价格均为可通过公开渠道查询的实际成交价格，或独立报价系统报出的价格。对无法查证核实的私下交易价格不予采录。

②时段原则：即以2018年12月的市场成交价格为基础，对在2018

年12月没有成交记录的币种，参照与其最为靠近的实际成交价格。

③卖方原则：即按卖方获得的实际收益计算市场价格。

④统计原则：即在同一时段内如出现多个成交价格的币种，则按统计学方法计算均值。

⑤相对性原则：由于各年度和各币种市场价格的采录和计算均使用相对稳定的假设条件，计算结果的数据质量具有相对性、连续性和稳定性。如改变假设条件，将有可能出现不同的计算结果。

有关分析系统的结构及原理详见由西南财经大学出版社发行的《中国现代贵金属币的理论与实践》一书。

在《中国现代贵金属币市场分析报告（2018年）》中没有特别说明时，所示的数量（枚）和重量（盎司）数据均为实铸实售量数据，或由实铸实售量计算得出的数据。在数据计算中，项目数、币种数和交易活跃度数据均为实际数据，其他显示数据按所示单位，均采用四舍五入方法计算得出。

2018年"分析系统"的升级与调整由陈岩磊、冯锐共同参与完成。在系统采集相关数据过程中，得到了（以下按姓氏笔画为序）丁林、丁峰、万志国、马龙、王东阳、王立新、王宝清、王春利、王春朝、王顺珑、支小赣、白冰、邢超、刘子辉、刘斌、刘磊、汤国明、阮明星、李天宇、李波、李振亭、汪洋、张雅卓、陆莹、陈佩、陈春余、周寿远、赵振阳、赵鹏、段洪刚、姚之元、贾晖、徐弘、徐志樑、徐建新、黄毅、龚志良、谢德恒、蔡茂等人士的大力支持和帮助，在此表示衷心感谢。

赵燕生

2019年2月于北京

附 表

附表 1-1　　2011~2018 年市场价总值内部结构变化统计　　单位：亿元

币种分类		2011年（亿元）	2012年（亿元）	2013年（亿元）	2014年（亿元）	2015年（亿元）	2016年（亿元）	2017年（亿元）	2018年（亿元）	2017年与2016年相比变化幅度（%）
大盘总值		1 545.11	1 410.19	1 182.37	1 174.05	1 290.84	1 419.87	1 449.28	1 402.33	-3.24
投资币	整体	593.71	608.75	512.86	523.55	579.30	684.71	731.76	724.09	-1.05
	金币	544.58	553.79	464.10	470.37	509.81	607.19	652.31	646.93	-0.82
	银币	49.13	54.97	48.76	53.19	69.49	77.52	79.45	77.16	-2.89
纪念币	整体	951.40	801.44	669.51	650.50	711.54	735.16	717.52	678.25	-5.47
	金币	536.28	472.40	411.07	398.34	422.39	445.08	447.31	424.79	-5.04
	银币	382.31	304.81	240.19	235.52	272.66	274.24	252.83	237.31	-6.14
	铂币	21.54	16.12	11.95	10.75	10.53	9.93	9.82	8.96	-8.72
	钯币	1.03	0.88	0.70	0.67	0.71	0.76	0.79	0.82	3.55
	双金属币	10.24	7.23	5.60	5.22	5.25	5.15	6.77	6.36	-5.99

附表1-2　2011~2018年贵金属变动成本溢价率 S/BD 值（料价比）变化统计

币种分类		2011年	2012年	2013年	2014年	2015年	2016年	2017年	2018年	与2017年相比的变化幅度（%）
大盘		2.185	1.752	1.859	1.805	1.957	1.617	1.404	1.367	-2.57
投资币	整体	1.404	1.252	1.307	1.294	1.405	1.231	1.098	1.092	-0.55
	金币	1.373	1.209	1.254	1.237	1.333	1.192	1.067	1.055	-1.16
	银币	1.859	1.967	2.171	2.162	2.332	1.655	1.437	1.547	7.69
纪念币	整体	3.349	2.513	2.736	2.647	2.880	2.284	1.960	1.872	-4.51
	金币	2.646	1.980	2.186	2.057	2.136	1.736	1.511	1.431	-5.29
	银币	5.099	4.099	4.662	4.978	5.999	4.495	3.901	3.933	0.82
	铂币	5.477	4.659	3.784	3.803	4.967	4.089	4.273	4.293	0.47
	钯币	2.323	2.307	1.661	1.440	2.111	1.663	1.182	1.023	-13.46
	双金属币	5.019	3.390	3.598	3.502	3.763	3.118	3.063	2.828	-7.66

附表1-3　2011~2018年"评价收藏投资价值的相对指标"统计

年度	CBZ值	LBZ值	HBZ值	BH值
2011年	3.794	2.782	1.900	13.655
2012年	2.781	2.029	1.323	10.181
2013年	2.038	1.370	0.966	9.514
2014年	1.759	1.169	0.849	9.248
2015年	1.741	1.191	0.835	10.107
2016年	1.616	1.088	0.804	8.498
2017年	1.419	0.971	0.750	7.960
2018年	1.177	0.856	0.662	7.099
2018年与2017年相比的变化幅度（%）	-17.04	-11.82	-11.74	-10.82

附表 1-4　　　　　中国现代贵金属币项目主题分类统计　　　　　单位：个

☆熊猫		☆生肖		☆历史事件		☆历史人物		☆中华文化及文明	
熊猫	37	（鸡）年	4	建国	4	中国杰出历史人物	10	中华文物	9
熊猫发行纪念	7	（狗）年	4	辛亥革命	3	世界文化名人	4	龙文化	3
商业银行	23	（猪）年	4	抗战胜利	4	国家杰出领导人	6	古代科技发明发现	5
金融市场及组织	6	（鼠）年	3	长征胜利	4	孙中山	3	宗教	12
印钞造币企业	3	（牛）年	3	建军节	3	其他历史人物	14	中国绘画	11
发展建设成就	3	（虎）年	3	香港澳门回归	6			麒麟	4
社会活动	2	（兔）年	3	发展建设成就	15			中国传统文化	3
展览会博览会	20	（龙）年	3	省市自治区纪念	15			黄河文化	2
省市自治区	2	（蛇）年	3	世博会	3			中国古典文学名著	12
		（马）年	3	其他社会活动或事件	18			丝绸之路	4
		（羊）年	3					少数民族文化	1
		（猴）年	3					中华民俗	19
		生肖币发行纪念	2					戏曲艺术	8
								石窟艺术	4
								民间神话	3
小计	103		41		75		37		100

☆体育		☆风景名胜		☆珍稀动物		☆其他	
夏季奥运会	8	佛教圣地	4	珍稀动物	5	国际活动	3
冬季奥运会	5	世界遗产	7	远古动物	1	国际组织	7
其他奥运会	3	其他风景名胜	9	禽类动物	2	国际友好	3
世界杯	6					展览会博览会	16
亚运会	5						
乒乓球	2						
其他体育赛事	2						
体育组织	2						
小计	33		20		8		29

附表 1-5　中国现代贵金属币发行重量规格分类统计（按克重大小排序）

金币		银币		铂币		钯币		双金属币		合计
重量规格	币种数量	重量规格	币种数量	重量规格	币种数量	重量规格	币种数量	重量规格	币种数量	
10 公斤	15									15
5 公斤	1									1
2 公斤	6									6
1 公斤	65	1 公斤	79							144
20 盎司	3	20 盎司	5							8
18 两	1									1
500 克	4									4
12 盎司	22	12 盎司	28							50
								5 盎司金+2 盎司银	3	3
5 盎司	116	5 盎司	127							243
150 克	11	150 克	18							29
3.3 两	1	3.3 两	2							3
100 克	3									3
2 盎司	1	2 盎司	37							38
50 克	4									4
		44 克	5							5
								30 克金+12 克银	1	1
1 盎司	90	1 盎司	445	1 盎司	23	1 盎司	1			559
30 克	3	30 克	69							72
		27 克	97							97
		24 克	2							2
		22 克	92							92
		2/3 盎司	11							11
								1/2 盎司金+1/5 盎司银	4	4
20 克	1	20 克	5							6
								1/2 盎司金+1/20 盎司银	1	1
16 克	1									1
1/2 盎司	193	1/2 盎司	49	1/2 盎司	2	1/2 盎司	2			246
								1/3 盎司金+1/6 盎司银	1	1
15 克	6	15 克	54							60

续表

金币		银币		铂币		钯币		双金属币		合计
重量规格	币种数量	重量规格	币种数量	重量规格	币种数量	重量规格	币种数量	重量规格	币种数量	
								1/4 盎司金 + 1/8 盎司银	8	8
1/3 盎司	53									53
10 克	5	10 克	1							6
8 克	49	8 克	5							54
1/4 盎司	155	1/4 盎司	28	1/4 盎司	12					195
5 克	11									11
3 克	13									13
								1/10 盎司金 + 1/28 盎司银	6	6
1/10 盎司	127			1/10 盎司	10					137
		2 克	2							2
1/20 盎司	54			1/20 盎司	8					62
1/25 盎司	26									26
1 克	6									6
合计	1 046		1 161		55		3		24	2 289

附表 1-6   中国现代贵金属币发行币种技术特征分类统计   单位：枚

技术特征			金 Au	银 Ag	钯 Pd	铂 Pt	双金属	合计
普制	圆形	本色	251	143				394
		镶金		3				3
		镀金		10				10
		方孔	1	1				2
		加厚		2				2
		全喷砂		3				3
		无边沿	15	4				19
		硫化		1				1
	异形	本色	12	12				24
	普制币小计		279	179	0	0	0	458

续表

技术特征			金 Au	银 Ag	钯 Pd	铂 Pt	双金属	合计
精制	圆形	本色 本色	562	660	3	54	24	1 303
		方孔	1	1				2
		加厚	4	11				15
		镀金		4				4
		镀金——幻彩		1				1
		镶嵌	2	5				7
		幻彩	8	4				12
		幻彩——镶嵌	1	1				2
		无边沿	9	16		1		26
		局部硫化		1				1
		隐形雕刻		1				1
		彩色	75	133				208
		硫化		4				4
	异形	本色	95	108				203
		彩色	10	32				42
	精制币小计		767	982	3	55	24	1 831
合计			1 046	1 161	3	55	24	2 289

附表 1-7　　2018 年板块投资币发行数据统计

币种分类	数据指标	投资金币	投资银币
枚数（万枚）	2018 年实铸量	101.48	368.00
	2018 年公告量	370.00	1 000.00
	2017 年实铸量	144.53	427.00
	2018 年实铸量与 2018 年公告量相比的变化幅度（%）	-72.57	-63.20
	2018 年实铸量与 2017 年实铸量相比的变化幅度（%）	-29.79	-13.82
重量（万盎司）	2018 年实铸量	39.07	354.94
	2018 年公告量	122.82	964.52
	2017 年实铸量	46.45	411.85
	2018 年实铸量与 2018 年公告量相比的变化幅度（%）	-68.19	-63.20
	2018 年实铸量与 2017 年实铸量相比的变化幅度（%）	-15.90	-13.82
2018 年贵金属变动成本溢价率（S/BD 值）		1.047	1.326

附表 1-8　　　　2018年板块纪念币发行数据统计

			2018年公告	2018年实际	变化幅度（%）	2017年实际	变化幅度（%）
	项目数量		11	15	36.36	14	7.14
币种数量（种）	总量		52	63	21.15	65	-3.08
	金币		24	27	12.50	27	0.00
	银币		28	36	28.57	37	-2.70
	双金属币					1	
数量（万枚）	发行数量		503.32	429.23	-14.72	507.08	-15.35
	金币		67.82	43.40	-36.01	54.46	-20.31
	银币		435.50	385.83	-11.40	452.02	-14.64
	双金属币					0.60	
	熊猫精制币	总量	11.55	3.45	-70.10	4.93	-29.97
		金币	3.55	0.63	-82.19	0.91	-30.78
		银币	8.00	2.82	-64.73	4.02	-29.78
	其他文化类总量	总量	430.77	370.86	-13.91	405.64	-8.57
		金币	52.27	32.61	-37.60	40.34	-19.16
		银币	378.50	338.25	-10.63	365.30	-7.40
	事件类总量	总量	61.00	54.91	-9.98	96.50	-43.10
		金币	12.00	10.15	-15.42	13.20	-23.11
		银币	49.00	44.76	-8.65	82.70	-45.88
		双金属币				0.60	
重量（万盎司）	发行总量		411.19	275.14	-33.09	333.37	-17.47
	金币		24.41	13.10	-46.33	16.47	-20.44
	银币		386.77	262.04	-32.25	316.10	-17.10
	双金属币					0.81	
	熊猫精制币	总量	103.69	39.57	-61.84	45.60	-13.23
		金币	10.45	3.32	-68.20	4.14	-19.71
		银币	93.24	36.24	-61.13	41.46	-12.59
	其他文化类总量	总量	237.76	172.41	-27.49	216.42	-20.34
		金币	11.26	7.43	-34.04	9.79	-24.11
		银币	226.50	164.98	-27.16	206.63	-20.16
	事件类总量	总量	69.73	63.16	-9.42	71.35	-11.47
		金币	2.70	2.35	-12.98	2.54	-7.47
		银币	67.03	60.81	-9.28	68.00	-10.57
		双金属币				0.81	

说明：在2018年公告一栏内发行的项目数量和币种数量为2018年的计划发行数量。

附表1-9　　2018年板块纪念币阳光工程公布数据统计

项目及币种规格	公告量（枚）	实铸量（枚）	实铸率（%）
合计	4 917 686	4 257 736	86.58
（1）中央美术学院建校100周年金银			
1公斤银币（硫化）	3 000	3 000	100.00
8克金币	20 000	20 000	100.00
30克银币（硫化）	50 000	50 000	100.00
（2）2018吉祥文化金银纪念币			
"寿居耄耋"纪念币			
5克金币	30 000	21 000	70.00
30克银币	60 000	42 000	70.00
"榴开百子"纪念币			
5克金币	30 000	21 000	70.00
30克银币	60 000	42 000	70.00
"珠联璧合"纪念币			
5克金币（心形、幻彩）	30 000	21 000	70.00
30克银币（心形、镀金、无边沿）	60 000	42 000	70.00
"喜上眉梢"纪念币			
5克金币	30 000	21 000	70.00
30克银币（无边沿、珐琅彩）	60 000	42 000	70.00
（3）兴业银行成立30周年熊猫加字金银纪念币			
8克金币（普制、加字）	10 000	8 500	85.00
30克银币（普制、加字）	30 000	25 500	85.00
（4）中国书法艺术（篆书）金银纪念币			
150克银币（方形）	5 000	3 500	70.00
8克金币	10 000	7 000	70.00
30克银币——万年无疆（3枚套）	20 000	14 000	70.00
30克银币——吾车既好	20 000	14 000	70.00
30克银币——金石	20 000	14 000	70.00
（5）中国能工巧匠金银纪念币（第1组）			
5克金币	10 000	6 000	60.00
15克银币	30 000	18 000	60.00
（6）宁夏回族自治区成立60周年金银纪念币			
150克银币	5 000	5 000	100.00
8克金币（彩色）	10 000	10 000	100.00
30克银币	20 000	20 000	100.00
（7）2018北京国际钱币博览会银质纪念币			
30克银币	30 000	30 000	100.00
（8）港珠澳大桥通车银质纪念币			
30克银币	20 000	20 000	100.00
（9）2019中国己亥（猪）年金银纪念币			

续表

项目及币种规格	公告量（枚）	实铸量（枚）	实铸率（%）
10 公斤金币	18	18	100.00
2 公斤金币	50	50	100.00
1 公斤金币（梅花形）	118	118	100.00
1 公斤银币	10 000	6 000	60.00
500 克金币	1 000	600	60.00
150 克彩色金币（彩色）	2 000	1 200	60.00
150 克彩色银币（彩色）	30 000	15 000	50.00
150 克长方形金币（长方形）	1 500	750	50.00
150 克长方形银币（长方形）	20 000	10 000	50.00
15 克梅花形金币（梅花形）	8 000	6 400	80.00
30 克梅花形银币（梅花形）	60 000	48 000	80.00
10 克扇形金币（扇形）	20 000	10 000	50.00
30 克扇形银币（扇形）	60 000	30 000	50.00
3 克金币	180 000	108 000	60.00
30 克银币	300 000	180 000	60.00
3 克彩色金币（彩色）	180 000	108 000	60.00
30 克彩色银币（彩色）	300 000	180 000	60.00
（10）庆祝改革开放 40 周年纪念币			
150 克银币	4 000	4 000	100.00
8 克金币	20 000	20 000	100.00
30 克银币——安徽小岗	40 000	40 000	100.00
30 克银币——深圳发展	40 000	40 000	100.00
30 克银币——上海浦东	40 000	40 000	100.00
30 克银币——雄安新区	40 000	40 000	100.00
（11）人民币发行 70 周年纪念币			
1 公斤银币	3 000	2 100	70.00
5 克金币	30 000	21 000	70.00
15 克银币	60 000	42 000	70.00
（12）中国平安集团成立 30 周年熊猫加字金银纪念币			
8 克金币（普制、加字）	10 000	10 000	100.00
30 克银币（普制、加字）	50 000	50 000	100.00
（13）广西壮族自治区成立 60 周年金银纪念币			
150 克银币	5 000	3 000	60.00
8 克金币	10 000	6 000	60.00
30 克银币	20 000	15 000	75.00
（14）2019 年贺岁银质纪念币			
8 克银币（普制）	2 700 000	2 700 000	100.00

附表 1－10　　2018 年板块一级市场销售渠道数据统计　　单位:%

算法分类	板块分类	直属机构	金融机构	指定机构	其他商业机构	特许经营	海外	其他	合计
按枚数计算	2018年板块	11.50	28.31	1.90	0.11	42.49	9.32	6.38	100.00
	投资	0.67	32.27	—	0.14	48.95	10.11	7.86	100.00
	投资金	1.77	46.35	—	0.66	34.13	7.89	9.20	100.00
	投资银	0.37	28.39	—	—	53.03	10.72	7.49	100.00
	纪念币	43.43	16.61	7.50	0.01	23.45	6.98	2.01	100.00
按克重计算	2018年板块	15.18	24.37	1.90	0.15	42.27	9.15	7.01	100.00
	投资	0.51	30.06	—	0.16	51.15	10.46	7.66	100.00
	投资金	1.76	45.19	—	1.65	34.05	8.06	9.29	100.00
	投资银	0.37	28.39	—	—	53.03	10.72	7.49	100.00
	纪念币	43.30	13.49	5.41	0.11	25.27	6.65	5.77	100.00
按零售价计算	2018年板块	19.22	32.02	2.00	0.88	30.81	7.76	7.30	100.00
	投资	1.57	43.01	—	1.38	36.62	8.39	9.03	100.00
	投资金	1.76	45.29	—	1.59	34.06	8.03	9.27	100.00
	投资银	0.37	28.39	—	0.00	53.03	10.72	7.49	100.00
	纪念币	46.39	15.11	5.08	0.12	21.87	6.80	4.64	100.00
按批零差价计算	2018年板块	35.46	23.55	3.86	0.21	25.03	7.07	4.82	100.00
	投资	1.57	45.99	—	0.55	35.62	7.49	8.77	100.00
	投资金	1.67	47.42	—	0.60	34.21	7.23	8.88	100.00
	投资银	0.37	28.39	—	—	53.03	10.72	7.49	100.00
	纪念币	49.90	13.99	5.51	0.06	20.52	6.90	3.13	100.00

附表 1-11　　　　　　　2017 年大盘内部主要板块统计数据

板块分类		市场价总值（亿元）			评价投资价值的指标		市场价格变化能力
					料价币（S/BD 值）	评价投资价值的综合指标（BH 值）	
		2018 年数值	2017 年数值	两年相比的变化幅度（%）	两年相比的变化幅度（%）	两年相比的变化幅度（%）	
2017 年大盘		1 332.58	1 449.28	-8.05	-2.48	-10.60	1.000
投资币	投资币整体	685.14	731.76	-6.37	-0.21	-18.04	1.264
	投资金币	613.17	652.31	-6.00	-0.84	-15.15	1.342
	投资银币	71.98	79.45	-9.41	9.00	-7.18	0.856
纪念币	纪念币整体	647.44	717.52	-9.77	-5.12	-9.15	0.824
按材质分类	纪念金币	407.16	447.31	-8.98	-5.62	-9.48	0.897
	纪念银币	224.14	252.83	-11.35	0.02	-10.52	0.710
	纪念铂币	8.96	9.82	-8.72	0.47	2.98	0.923
	纪念钯币	0.82	0.79	3.55	-13.46	5.75	1.440
	纪念双金属币	6.36	6.77	-5.99	-7.66	1.23	1.345
按重量规格分类	特大规格	12.78	12.88	-0.71	-1.20	-2.89	11.371
	大规格	74.99	79.82	-6.05	3.31	-3.89	1.332
	中等规格	135.85	147.99	-8.20	-5.76	-12.43	0.982
	一般规格	412.66	463.91	-11.05	-7.01	-9.14	0.729
	小规格	7.68	9.24	-16.90	-18.38	-3.97	0.476
按发行时间分类	1979~1999 年	224.77	247.96	-9.35	-8.84	-8.22	0.861
	2000~2010 年	193.28	218.91	-11.71	-9.79	-7.25	0.688
	2011~2015 年	157.87	170.10	-7.19	-0.11	1.66	1.119
	2016~2017 年	71.53	80.54	-11.19	2.11	15.31	0.719

续表

板块分类			市场价总值（亿元）			评价投资价值的指标			市场价格变化能力
						料价币(S/BD值)	评价投资价值的综合指标(BH值)		
			2018年数值	2017年数值	两年相比的变化幅度（%）	两年相比的变化幅度（%）	两年相比的变化幅度（%）		
纪念币	按九大主题分类	熊猫	124.95	134.68	-7.22	1.79	-10.22		1.115
		生肖	192.82	222.68	-13.41	-11.76	-15.72		0.600
		历史事件	67.90	74.91	-9.35	-6.32	-2.78		0.861
		历史人物	26.85	29.34	-8.49	-10.72	-7.82		0.949
		中华文化	146.34	159.95	-8.51	-2.43	-8.91		0.946
		体育	31.72	33.93	-6.50	-3.71	-2.86		1.239
		风景名胜	41.63	45.55	-8.61	-3.84	-3.51		0.935
		珍稀动物	3.26	3.70	-11.86	-11.60	-9.00		0.679
		其他	11.96	12.77	-6.34	-0.80	-11.20		1.269
	典型项目	佛教	53.99	60.17	-10.26	-9.94	-16.16		0.785
		古科	7.33	8.29	-11.53	-10.05	-3.42		0.698
		麒麟	5.76	6.42	-10.36	-9.74	-14.81		0.777
		青铜器	8.04	8.33	-3.43	-2.35	-8.06		2.346
		名画	15.74	17.30	-8.98	-4.40	-0.19		0.897
		名著	23.23	26.39	-11.96	-11.41	-10.93		0.673
		京剧	10.70	12.65	-15.46	-15.48	-16.31		0.521
		传统文化	1.25	1.63	-23.21	-23.40	-29.01		0.347
		杰出历史人物	4.38	4.58	-4.34	-16.38	-3.24		1.855
		黄河文化	1.69	1.92	-11.69	-7.73	-11.01		0.689
		石窟	14.44	15.94	-9.45	-8.79	-21.74		0.852
		福字币	18.47	14.22	29.96	63.11	167.41		4.721
	老精稀		99.49	109.58	-9.21	-10.89	-11.57		0.875
	新精品		49.94	54.24	-7.92	-8.22	-10.37		1.017

附表1-12 2017年大盘纪念币市场表现较优的前100枚精品币种统计

发行年度	项目名称	币种概况	货币贬值系数	币种优异状况	价格变化能力系数
1980年	国际儿童年金银纪念币	1盎司金币（加厚）	18.455	优秀	2.899
1980年	国际儿童年金银纪念币	1盎司银币（加厚）	10.593	良好	2.103
1980年	第13届冬奥会金银纪念币	16克金币（加厚）	1.754	良好	1.743
1980年	中国奥林匹克委员会金银纪念币	20克金币（加厚）	1.943	良好	6.756
1980年	中国奥林匹克委员会金银纪念币	30克银币——古代足球（加厚、2枚套）	1.512	良好	7.461
1980年	中国奥林匹克委员会金银纪念币	30克银币——古代马术（加厚）	1.512	良好	7.461
1981年	1982中国壬戌（狗）年金银纪念币	15克银币	2.007	优秀	2.746
1982年	1983中国癸亥（猪）年金银纪念币	8克金币	1.877	优秀	1.698
1985年	1985版熊猫金银纪念币	27克银币	2.897	良好	1.269
1991年	中国熊猫金币发行10周年金银纪念币	5公斤金币	1.621	良好	1.166
1992年	中国古代科技发明发现金银铂纪念币（第1组）	1公斤金币——指南针	5.560	优秀	1.543
1992年	中国古代科技发明发现金银铂纪念币（第1组）	1公斤金币——地动仪	5.560	优秀	1.543
1992年	中国古代科技发明发现金银铂纪念币（第1组）	1盎司铂币——铸铜术（5枚套）	1.777	优秀	2.744
1992年	中国古代科技发明发现金银铂纪念币（第1组）	1盎司铂币——指南针	1.777	优秀	2.744
1992年	中国古代科技发明发现金银铂纪念币（第1组）	1盎司铂币——蝴蝶风筝	1.777	良好	2.744
1992年	中国古代科技发明发现金银铂纪念币（第1组）	1盎司铂币——地动仪	1.777	优秀	2.744

续表

发行年度	项目名称	币种概况	货币贬值系数	币种优异状况	价格变化能力系数
1992年	中国古代科技发明发现金银铂纪念币（第1组）	1盎司铂币——航海造船	1.777	优秀	2.744
1991年	1992中国壬申（猴）年金银铂纪念币	5盎司金币	1.448	良好	1.239
1991年	1992中国壬申（猴）年金银铂纪念币	15克银币	1.552	良好	7.233
1992年	生肖纪念币发行12周年金银纪念币	1公斤金币	3.854	良好	7.730
1992年	中国出土文物（青铜器）金银纪念币（第2组）	1盎司金币（4枚套）	1.464	良好	1.320
1992年	中国出土文物（青铜器）金银纪念币（第2组）	1/2盎司金币	1.437	良好	1.320
1992年	中国出土文物（青铜器）金银纪念币（第2组）	1/4盎司金币（羊尊）	1.386	良好	1.320
1992年	中国出土文物（青铜器）金银纪念币（第2组）	1/4盎司金币（虎符）	1.386	良好	1.320
1993年	中国古代科技发明发现金银铂纪念币（第2组）	1/4盎司铂币——零位的产生（5枚套）	5.378	优秀	2.899
1993年	中国古代科技发明发现金银铂纪念币（第2组）	1/4盎司铂币——太极阴阳	5.378	优秀	2.899
1993年	中国古代科技发明发现金银铂纪念币（第2组）	1/4盎司铂币——马镫	5.378	良好	2.899
1993年	中国古代科技发明发现金银铂纪念币（第2组）	1/4盎司铂币——伞	5.378	良好	2.899
1993年	中国古代科技发明发现金银铂纪念币（第2组）	1/4盎司铂币——汉代兵马俑发现	5.378	良好	2.899
1993年	孙中山先生"天下为公"纪念金币	5盎司金币	21.851	优秀	1.216

续表

发行年度	项目名称	币种概况	货币贬值系数	币种优异状况	价格变化能力系数
1993年	宋庆龄诞辰100周年金银纪念币	8克金币	1.065	良好	1.519
1993年	毛泽东诞辰100周年金银纪念币	5盎司金币	4.530	良好	1.199
1993年	毛泽东诞辰100周年金银纪念币	27克银币	1.147	良好	3.287
1993年	1993年观音纪念金币	18两金币	4.954	优秀	3.226
1993年	中国出土文物（青铜器）金银纪念币（第3组）	1盎司金币（4枚套）	1.515	良好	8.468
1993年	中国出土文物（青铜器）金银纪念币（第3组）	1/2盎司金币	1.487	良好	8.468
1993年	中国出土文物（青铜器）金银纪念币（第3组）	1/4盎司金币——豕尊	1.443	良好	8.468
1993年	中国出土文物（青铜器）金银纪念币（第3组）	1/4盎司金币——铜牵马俑	1.443	良好	8.468
1993年	中国古代名画系列（孔雀开屏）金银纪念币	20盎司金币	2.067	优秀	1.966
1993年	中国古代名画系列（孔雀开屏）金银纪念币	5盎司金币	2.809	良好	1.242
1994年	中国近代名画系列金银纪念币（第1组）	1/2盎司金币（十二边形）	1.077	良好	4.467
1994年	1994版麒麟金银及双金属纪念币	1公斤金币	2.175	良好	1.421
1994年	1994版麒麟金银及双金属纪念币	5盎司金币	1.114	良好	3.571
1994年	中国古代名画系列（婴戏图）金银纪念币	5盎司银币	4.554	优秀	1.345

续表

发行年度	项目名称	币种概况	货币贬值系数	币种优异状况	价格变化能力系数
1995年	1995版熊猫金银铂及双金属纪念币	5盎司金+2盎司银币（双金属）	1.001	良好	1.891
1995年	1995版麒麟金银铂及双金属纪念币	12盎司银币	1.757	良好	3.999
1995年	黄河文化金银纪念币（第1组）	5盎司银币	6.707	良好	1.988
1995年	中国古典文学名著三国演义金银纪念币（第1组）	1盎司金币——刘备（4枚套）	1.013	良好	2.886
1995年	中国古典文学名著三国演义金银纪念币（第1组）	1盎司金币——诸葛亮	1.013	优秀	2.886
1995年	中国古典文学名著三国演义金银纪念币（第1组）	1盎司金币——关羽	1.013	优秀	2.886
1995年	中国古典文学名著三国演义金银纪念币（第1组）	1盎司金币——张飞	1.013	优秀	2.886
1995年	台湾光复回归祖国50周年金银纪念币	5盎司银币	3.820	良好	1.195
1996年	1996版熊猫金银铂及双金属纪念币	5盎司金+2盎司银币（双金属）	1.325	良好	1.846
1996年	中国古代科技发明发现金银纪念币（第5组）	1/2盎司金币——马具（5枚套）	1.506	良好	5.925
1996年	中国古代科技发明发现金银纪念币（第5组）	1/2盎司金币——乐器	1.506	良好	5.925
1996年	中国古代科技发明发现金银纪念币（第5组）	1/2盎司金币——船舵	1.506	良好	5.925
1996年	中国古代科技发明发现金银纪念币（第5组）	1/2盎司金币——索桥	1.506	良好	5.925
1996年	中国古代科技发明发现金银纪念币（第5组）	1/2盎司金币——天文钟	1.506	良好	5.925

续表

发行年度	项目名称	币种概况	货币贬值系数	币种优异状况	价格变化能力系数
1995年	1996中国丙子（鼠）年金银铂纪念币	1公斤金币（梅花形）	1.566	良好	1.784
1995年	1996中国丙子（鼠）年金银铂纪念币	1盎司铂币	2.084	良好	1.703
1997年	1997版熊猫金银铂及双金属纪念币	5盎司金+2盎司银币（双金属）	10.152	良好	2.953
1996年	1997中国丁丑（牛）年金银铂纪念币	1公斤金币（梅花形）	2.280	良好	1.458
1996年	1997中国丁丑（牛）年金银铂纪念币	5盎司金币	2.393	良好	1.904
1997年	中国近代国画大师齐白石金银纪念币	1公斤银币	17.785	优秀	2.230
1997年	中国近代国画大师齐白石金银纪念币	5盎司金币	5.569	优秀	4.456
1997年	中国近代国画大师齐白石金银纪念币	1/2盎司金币（长方形）	1.683	良好	1.245
1997年	香港回归祖国金银纪念币（第3组）	5盎司金币	1.296	良好	10.149
1997年	1997年迎春金银纪念币	5盎司金币	2.470	良好	1.466
1997年	黄河文化金银纪念币（第2组）	5盎司银币	3.728	良好	2.001
1997年	1998中国戊寅（虎）年金银铂纪念币	1公斤金币（梅花形）	3.218	良好	1.668
1998年	1999中国己卯（兔）年金银铂纪念币	1公斤金币（梅花形）	3.363	良好	8.222
1998年	1999中国己卯（兔）年金银铂纪念币	12盎司金币	1.701	良好	2.530
1998年	1999中国己卯（兔）年金银铂纪念币	1盎司铂币	1.384	良好	1.396

续表

发行年度	项目名称	币种概况	货币贬值系数	币种优异状况	价格变化能力系数
1999年	中国十二生肖1盎司纪念币发行12周年纪念币	1公斤银币	2.646	良好	1.899
1999年	1999年观音纪念银币	1盎司银币——持扇观音（普制、2枚套）	1.294	良好	1.994
1999年	1999年观音纪念银币	1盎司银币——宝镜观音（普制）	1.294	良好	1.994
1999年	2000年中国庚辰（龙）年金银纪念币	1公斤金币（梅花形）	1.499	良好	2.354
1999年	2000年中国庚辰（龙）年金银纪念币	1盎司银币（彩色）	1.398	良好	1.443
2000年	中国京剧艺术彩色金银纪念币（第2组）	5盎司银币（彩色、长方形）	1.011	良好	1.441
2000年	2001中国辛巳（蛇）年金银纪念币	1公斤金币（梅花形）	1.458	良好	1.787
2001年	中国古代名画系列（韩熙载夜宴图）彩色纪念银币	5盎司银币（彩色、长方形）	1.052	良好	2.533
2001年	2002年壬午（马）年金银纪念币	1公斤金币（梅花形）	2.742	优秀	1.999
2001年	2002年壬午（马）年金银纪念币	1公斤银币	1.668	良好	1.245
2001年	2002年壬午（马）年金银纪念币	5盎司金币（长方形）	2.757	良好	1.635
2002年	中国石窟艺术（龙门）金银纪念币	5盎司金币（无边沿）	4.055	优秀	4.241
2002年	中国古典文学名著红楼梦彩色金银纪念币（第2组）	1/2盎司金币（彩色、八角形）	1.084	良好	8.698

续表

发行年度	项目名称	币种概况	货币贬值系数	币种优异状况	价格变化能力系数
2003年	中国古典文学名著西游记彩色金银纪念币（第1组）	5盎司金币（彩色、长方形、间断直齿）	2.178	优秀	1.446
2003年	2004中国甲申（猴）年金银纪念币	1公斤金币（梅花形）	2.139	良好	1.784
2003年	2004中国甲申（猴）年金银纪念币	1公斤银币	1.014	良好	1.584
2004年	中国石窟艺术（麦积山）金银纪念币	5盎司金币	3.782	优秀	1.104
2004年	中国石窟艺术（麦积山）金银纪念币	1/2盎司金币	1.206	良好	1.343
2004年	2005中国乙酉（鸡）年金银纪念币	1公斤金币（梅花形）	1.341	良好	2.357
2005年	2006中国丙戌（狗）年金银币	1公斤金币（梅花形）	1.355	良好	1.994
2006年	2007中国丁亥（猪）年金银纪念币	1公斤金币（梅花形）	1.037	良好	1.453
2007年	2008中国戊子（鼠）年金银纪念币	1公斤金币（梅花形）	1.090	良好	1.337
2008年	2009中国己丑（牛）年金银纪念币	1/2盎司金币（梅花形）	1.288	良好	1.639
2010年	中国石窟艺术（云岗）金银纪念币	1公斤金币	1.520	良好	1.480
2013年	中国佛教圣地（普陀山）金银纪念币	1公斤金币（无边沿）	1.044	良好	1.775
2014年	中国佛教圣地（峨眉山）金银纪念币	1公斤金币	1.068	良好	1.403
2015年	2016年贺岁银质纪念币	8克银币（普制）	1.991	良好	1.162

附表1-13　　2017年大盘纪念币表现较弱的后100枚币种统计

发行年度	项目名称	币种概况	货币贬值系数（HBZ值）	币种文化艺术价值优异状况	价格变化能力系数
1982年	第12届世界杯足球赛金银纪念币	1/2盎司银币——传球（2枚套）	0.212	中等	0.262
1982年	第12届世界杯足球赛金银纪念币	1/2盎司银币——断球	0.212	中等	0.262
1983年	马可·波罗金银纪念币	1克金币	0.254	中等	0.305
1987年	中国熊猫金币发行5周年纪念银币	1盎司银币	0.538	中等	0.333
1988年	第15届冬奥会纪念银币	27克银币	0.635	中等	0.284
1989年	1989版熊猫金银铂钯纪念币	1/20盎司金币（P字）	0.188	中等	0.300
1989年	1989版熊猫金银铂钯纪念币	1盎司铂币	0.124	中等	0.221
1989年	中华人民共和国成立40周年金银纪念币	1/4盎司金币	0.256	中等	0.323
1990年	1990版熊猫金银铂纪念币	1/10盎司铂币	0.138	中等	0.255
1989年	1990中国庚午（马）年金银铂纪念币	1盎司铂币	0.163	中等	0.299
1990年	第14届世界杯足球赛纪念银币	27克银币——争球（2枚套）	0.155	中等	0.344
1990年	第14届世界杯足球赛纪念银币	27克银币——守门员	0.155	中等	0.344
1991年	1991版熊猫金银纪念币	1克金币（普制）	0.335	中等	0.236
1991年	1991版熊猫金银纪念币	1/20盎司金币（P字）	0.275	中等	0.324

续表

发行年度	项目名称	币种概况	货币贬值系数（HBZ值）	币种文化艺术价值优异状况	价格变化能力系数
1991年	中国熊猫金币发行10周年金银纪念币	2盎司银币（加厚）	0.856	中等	0.334
1992年	1992版熊猫金银纪念币	1/2盎司金币（P字）	0.572	中等	0.308
1992年	1992版熊猫金银纪念币	1/4盎司金币（P字）	0.556	中等	0.263
1992年	第2届香港国际钱币展销会双金属纪念币	1/10盎司金+1/28盎司银币（双金属）	0.867	中等	0.335
1994年	1994版熊猫金银铂及双金属纪念币	1/4盎司金币（P字）	0.493	中等	0.205
1994年	1994版熊猫金银铂及双金属纪念币	1盎司银币（P字）	0.773	中等	0.281
1994年	1994版熊猫金银铂及双金属纪念币	1/10盎司铂币	0.403	中等	0.236
1994年	1994版熊猫金银铂及双金属纪念币	1/20盎司铂币	0.850	中等	0.245
1994年	1995中国乙亥（猪）年金银铂纪念币	1盎司铂币	0.748	中等	0.319
1995年	第26届奥运会金银纪念币	5盎司银币	0.412	较弱	0.327
1996年	中国第九届亚洲国际集邮展览会纪念银币	1盎司银币（普制、加字、2枚套）	0.273	中等	0.324
1996年	中国第九届亚洲国际集邮展览会纪念银币	1盎司银币（普制）	0.273	中等	0.324
1997年	中国旅游年纪念银币	1盎司银币（普制、加字）	0.280	中等	0.279

续表

发行年度	项目名称	币种概况	货币贬值系数（HBZ值）	币种文化艺术价值优异状况	价格变化能力系数
1997年	1997上海国际邮票钱币博览会纪念银币	1盎司银币（普制、镶金、加字）	0.700	中等	0.297
1996年	1997中国丁丑（牛）年金银铂纪念币	1盎司银币（普制）	0.619	中等	0.302
1997年	珍稀动物金银纪念币（第5组）	1/2盎司金币	0.804	中等	0.284
1997年	中国传统吉祥图（吉庆有余）金银纪念币	1/20盎司金币（普制）	0.426	中等	0.189
1998年	1998香港国际钱币展销会纪念银币	1/2盎司银币（普制、加字）	0.529	较弱	0.216
1998年	澳门回归祖国金银纪念币（第2组）	1/2盎司金币	0.437	中等	0.337
1999年	1999版熊猫金银纪念币	1公斤银币	0.743	中等	0.272
1999年	1999版熊猫金银纪念币	1盎司银币（彩色）	0.547	中等	0.298
1998年	1999中国己卯（兔）年金银铂纪念币	1/10盎司金币（彩色）	0.822	中等	0.187
2000年	2000版熊猫金银纪念币	1公斤金币	0.898	中等	0.320
2001年	中国民间神话故事彩色金银纪念币（第1组）	5盎司银币（长方形、彩色）	0.998	中等	0.224
2002年	中国民间神话故事彩色金银纪念币（第2组）	1盎司银币——神农尝百草（彩色、2枚套）	0.880	中等	0.340

续表

发行年度	项目名称	币种概况	货币贬值系数（HBZ值）	币种文化艺术价值优异状况	价格变化能力系数
2002年	中国民间神话故事彩色金银纪念币（第2组）	1盎司银币——钟馗驱鬼（彩色）	0.880	中等	0.340
2002年	2002北京国际邮票钱币博览会纪念银币	1盎司银币（普制、无边沿）	0.567	中等	0.289
2002年	中国京剧艺术彩色金银纪念币（第4组）	5盎司银币（彩色、长方形）	0.602	中等	0.213
2002年	庆祝上海申博成功金银纪念币	1盎司银币（彩色）	0.625	中等	0.338
2002年	2003中国癸未（羊）年金银纪念币	1/2盎司金币（普制、扇形）	0.511	中等	0.284
2002年	2003中国癸未（羊）年金银纪念币	1盎司银币（普制、扇形）	0.915	中等	0.271
2002年	2003中国癸未（羊）年金银纪念币	1盎司银币（彩色）	0.877	中等	0.263
2003年	2004中国甲申（猴）年金银纪念币	1盎司银币（普制、扇形）	0.622	中等	0.316
2005年	中国工商银行股份有限公司成立熊猫加字金银纪念币	1盎司银币（普制、镀金、加字）	0.350	中等	0.237
2004年	2005中国乙酉（鸡）年金银纪念币	5盎司银币（长方形）	0.893	中等	0.282
2005年	2006年德国世界杯足球赛金银纪念币	1公斤银币（彩色、无边沿）	0.521	中等	0.235
2005年	陈云诞辰100周年金银纪念币	1/2盎司金币	0.361	中等	0.148

续表

发行年度	项目名称	币种概况	货币贬值系数（HBZ值）	币种文化艺术价值优异状况	价格变化能力系数
2005 年	陈云诞辰 100 周年金银纪念币	1 盎司银币——抗战时期（2 枚套）	0.371	中等	0.287
2005 年	陈云诞辰 100 周年金银纪念币	1 盎司银币——社会主义时期	0.371	中等	0.287
2006 年	2006 版熊猫金银币	1 公斤银币	0.374	中等	0.306
2006 年	2006 版熊猫金银币	5 盎司银币	0.214	中等	0.252
2006 年	中国沈阳世界园艺博览会熊猫加字金银纪念币	1 盎司银币（普制加字）	0.415	中等	0.345
2005 年	2006 中国丙戌（狗）年金银币	1 盎司银币（梅花形）	0.620	中等	0.259
2005 年	2006 中国丙戌（狗）年金银币	1 盎司银币（普制）	0.569	中等	0.301
2008 年	2008 版熊猫金银纪念币	5 盎司银币	0.454	中等	0.342
2007 年	2008 中国戊子（鼠）年金银纪念币	5 盎司银币（长方形）	0.750	中等	0.312
2007 年	2008 中国戊子（鼠）年金银纪念币	1 盎司银币（普制）	0.405	中等	0.296
2008 年	中国改革开放 30 周年金银纪念币	1 盎司银币	0.454	中等	0.306
2009 年	2009 版熊猫金银纪念币	5 盎司银币	0.384	较弱	0.239
2008 年	2009 中国己丑（牛）年金银纪念币	1 公斤银币	0.588	中等	0.148
2010 年	2010 版熊猫金银纪念币	5 盎司银币	0.585	较弱	0.296

续表

发行年度	项目名称	币种概况	货币贬值系数（HBZ 值）	币种文化艺术价值优异状况	价格变化能力系数
2010 年	世界遗产武当山古建筑群金银纪念币	1 盎司银币	0.545	中等	0.280
2010 年	中国京剧脸谱彩色金银纪念币（第 1 组）	1 盎司银币——典韦（彩色、2 枚套）	0.581	中等	0.240
2010 年	中国京剧脸谱彩色金银纪念币（第 1 组）	1 盎司银币——钟馗（彩色）	0.581	中等	0.240
2010 年	2010 北京国际邮票钱币博览会银质纪念币	1 盎司银币	0.552	中等	0.195
2011 年	上海黄金交易所成立 10 周年熊猫加字金银纪念币	1 盎司银币（普制、加字）	0.251	较弱	0.329
2010 年	2011 中国辛卯（兔）年金银纪念币	5 盎司金币（长方型）	0.701	中等	0.157
2010 年	2011 中国辛卯（兔）年金银纪念币	1/10 盎司金币	0.445	中等	0.309
2010 年	2011 中国辛卯（兔）年金银纪念币	1 盎司银币	0.476	中等	0.342
2011 年	清华大学建校 100 周年金银纪念币	1/4 盎司金币	0.350	较弱	0.194
2012 年	2012 版熊猫金银纪念币	5 盎司银币	0.218	较弱	0.282
2012 年	招商银行成立 25 周年熊猫加字金银纪念币	1/4 盎司金币（普制、加字）	0.319	较弱	0.338
2012 年	中国熊猫金币发行 30 周年金银纪念币	5 盎司银币	0.294	中等	0.334

续表

发行年度	项目名称	币种概况	货币贬值系数（HBZ值）	币种文化艺术价值优异状况	价格变化能力系数
2012 年	中国熊猫金币发行 30 周年金银纪念币	1/4 盎司银币	0.929	中等	0.328
2013 年	北斗卫星导航系统开通运行金银纪念币	1 盎司银币	0.525	较弱	0.252
2013 年	中国佛教圣地（普陀山）金银纪念币	1/4 盎司金币	0.354	中等	0.235
2013 年	中国佛教圣地（普陀山）金银纪念币	2 盎司银币	0.500	中等	0.293
2013 年	中国青铜币金银纪念币（第二组）	1 盎司银币	0.467	中等	0.254
2013 年	2014 年中国甲午（马）年金银纪念币	1/10 盎司金币（彩色）	0.734	中等	0.181
2014 年	第二届夏季青年奥林匹克运动会金银纪念币	5 盎司银币（彩色）	0.935	中等	0.297
2014 年	第二届夏季青年奥林匹克运动会金银纪念币	1/2 盎司银币（彩色、2 枚套）	0.619	中等	0.243
2014 年	第二届夏季青年奥林匹克运动会金银纪念币	1/2 盎司银币（彩色）	0.619	较弱	0.243
2014 年	中国佛教圣地（峨眉山）金银纪念币	2 盎司银币	0.603	中等	0.297
2014 年	新疆生产建设兵团成立 60 周年金银纪念币	5 盎司银币	0.822	中等	0.217

续表

发行年度	项目名称	币种概况	货币贬值系数（HBZ值）	币种文化艺术价值优异状况	价格变化能力系数
2014年	中国建设银行成立60周年熊猫加字金银纪念币	1盎司银币（普制、加字）	0.345	中等	0.325
2014年	2015中国乙未（羊）年金银纪念币	5盎司银币（长方形）	0.299	中等	0.332
2014年	2015中国乙未（羊）年金银纪念币	1盎司银币（梅花形）	0.602	中等	0.318
2014年	2015中国乙未（羊）年金银纪念币	1/3盎司金币（扇形）	0.273	中等	0.310
2015年	中国近代国画大师（徐悲鸿）金银纪念币	1/4盎司金币（彩色）	0.937	中等	0.281
2015年	中国佛教圣地（九华山）金银纪念币	2盎司银币	0.678	中等	0.303
2015年	江南造船建厂150周年金银纪念币	1/4盎司金币	0.579	较弱	0.284
2015年	长春电影制片厂成立70周年金银纪念币	1/2盎司银币（主业创作）	0.863	中等	0.346
2015年	长春电影制片厂成立70周年金银纪念币	1/2盎司银币（产业发展）	0.863	中等	0.346
2015年	新疆维吾尔自治区成立60周年金银纪念币	1盎司银币	0.930	中等	0.250
2015年	中国人民抗日战争暨世界反法西斯战争胜利70周年纪念币	1盎司银币（无边沿）	0.695	中等	0.332
2015年	2016中国丙申（猴）年金银纪念币	5盎司彩色银币（155.52克）	0.416	中等	0.342

附表 2－1　　　　　　　　　2018 年钱币鉴定评级数据统计

年度	分类	金属币（万枚）				纸币（万张）			合计
		古币	近代机制币	现代贵金属币	现代流通币硬币（包括普通纪念币硬币）	流通纸币	普通纪念币纸币	其他纸币	
总量	总量	163.77	198.11	590.98	231.03	561.16	95.89	73.76	1 914.69
	评级币	123.85	142.59	294.41	147.07	269.52	66.74	39.71	1 083.88
	封装币	39.92	55.52	296.57	83.97	291.64	29.15	34.04	830.81
2018年	总量	96.03	103.85	140.25	107.00	453.18	51.34	50.09	1 001.75
	评级币	64.46	75.63	44.66	47.51	181.36	24.61	36.14	474.36
	封装币	31.57	28.22	95.60	59.49	271.82	26.74	13.96	527.39
2017年	总量	49.09	51.95	222.46	48.24	82.64	31.61	23.66	509.66
	评级币	41.40	39.90	108.13	24.47	65.37	30.65	3.58	313.50
	封装币	7.70	12.06	114.34	23.77	17.27	0.95	20.09	196.16
2016年	总量	18.64	42.31	228.26	75.79	25.34	12.93	—	403.28
	评级币	17.99	27.06	145.06	75.08	22.79	11.48	—	299.46
	封装币	0.65	15.25	83.20	0.71	2.55	1.46	—	103.82

附表

附表2-2　　2018年现代贵金属币鉴定评级数量统计

单位：枚

时间	等级	评级币						合计
		金币	银币	铂币	钯币	双金属币	无法分解	
2018年评级数量	合计	280 356	1 079 129	1 195	150	7 411	34 298	1 402 539
	70—源泰100—国衡100—99	28 939	151 523	245	8	391	0	181 106
	69—源泰99—国衡98—97	25 394	83 323	705	94	1 299	0	110 815
	68—源泰98—国衡96—95	8 939	31 517	133	35	1 501	0	42 125
	67—源泰97—国衡94—93	6 292	14 257	49	11	2 022	0	22 631
	66—62—源泰96—92—国衡92—82	5 360	30 092	62	1	936	0	36 451
	无级别	822	18 265	1	1	42	34 298	53 429
	封装币	204 610	750 152	0	0	1 220	0	955 982
全部评级数量	合计	1 497 365	6 795 460	10 086	3 209	26 013	149 203	8 481 336
	70—源泰100—国衡100—99	470 873	1 873 835	1 083	420	5 186	0	2 351 397
	69—源泰99—国衡98—97	268 405	1 269 358	6 553	2 183	7 674	0	1 554 173
	68—源泰98—国衡96—95	50 249	379 667	1 669	429	4 703	1	436 718
	67—源泰97—国衡94—93	16 274	80 899	398	147	3 167	0	100 885
	66—62—源泰96—92—国衡92—82	10 825	67 638	333	29	1 906	0	80 731
	无级别	8 250	126 154	50	1	104	0	134 559
	封装币	672 489	2 997 909	0	0	3 273	149 202	3 822 873

注①：目前在我国钱币鉴评级市场中主要使用的有70分标准体系、源泰的100分标准体系和中金国衡的100分标准体系。在附表2-2"评级标准等级"一览表中，三个标准平行排列，一方面显示三个不同标准体系、源泰的对应关系，同时反映表中数据来源于使用以上三个标准进行鉴定评级的产品数量汇总。

②表中数据由原始数据计算而得。

附表 2-3　　　　　　　　2018 年现代贵金属币拍卖数据统计

	分类	拍卖场次统计（次）	上拍数量（枚/套）	成交数量（枚/套）	成交率（%）	人民币总金额（千万元）	平均成交价（元）	在拍卖总额中的占比（%）
	总计	864	113 135	104 690	92.54	47.85	4 571	100.00
	海外	33	2 528	2 253	89.12	3.63	16 117	7.59
	境内	831	110 607	102 437	92.61	44.22	4 317	92.41
	线上	822	110 443	102 397	92.71	42.61	4 161	89.05
	线下	42	2 692	2 293	85.18	5.24	22 861	10.95
按拍卖总金额排序	1 赵涌	104	56 023	53 951	96.30	17.36	3 218	36.28
	2 易金	126	35 236	33 325	94.58	16.27	4 882	34.00
	3 贝珍网	20	5 010	2 841	56.71	4.02	14 133	8.39
	4 易藏 APP	505	10 935	9 254	84.63	2.96	3 202	6.19
	5 一只鹿	49	1 899	1 849	97.37	1.75	9 455	3.65
	6 东西方拍卖	1	204	194	95.10	1.49	76 594	3.11
	7 SBP	7	613	599	97.72	1.05	17 484	2.19
	8 海瑞德	2	282	277	98.23	0.80	29 039	1.68
	9 日本环球	4	408	398	97.55	0.60	14 996	1.25
	10 香港冠军	2	65	44	67.69	0.40	90 973	0.84
其他 19 家拍卖公司		44	2 460	1 958	79.59	1.16	5 940	2.43

附表2-4　　2018年拍卖市场拍品的内部结构统计

评级标准及细目		数量（枚/套）	在同一评级标准体系内的占比（%）	在拍卖交易总量中的占比（%）
70分标准	70级	23 349	33.62	22.29
	69级	34 237	49.30	32.68
	68级	8 293	11.94	7.92
	67级	1 844	2.66	1.76
	66～61级（包括无法打分和无法分解）	1 254	1.81	1.20
	特殊版别	464	0.67	0.44
	小计	69 441	100.00	66.29
中金国衡100分	封装币	2 610	72.48	2.49
	评级币	991	27.52	0.95
	小计	3 601	100.00	3.44
源泰100分		1 218	100.00	1.16
中钞国鼎70分+30分		6	100.00	0.01
无评级		30 487	100.00	29.10
合计		104 753	100.00	100.00

注：2018年"中国现代贵金属币信息分析系统"共计监测国内外和线下线上864场次拍卖会，录得现代贵金属币拍卖数量104 753（枚/套），这张表格内的数据是根据上述数据分析整理得出的结果。仅供参考。

附表 2-5　　　　　　　　2009~2018 年国际官方铸币用金统计　　　　　　单位：吨

国家	2009年	2010年	2011年	2012年	2013年	2014年	2015年	2016年	2017年	2018年
南非	23.2	20.0	23.8	23.7	27.5	21.5	27.7	35.2	47.3	67.9
伊朗	29.2	39.6	52.3	55.0	58.0	33.6	27.0	2.5	6.3	34.2
土耳其	30.9	35.6	58.9	39.9	90.6	40.5	19.8	22.4	38.0	25.5
中国	6.7	8.5	23.9	21.4	21.8	14.8	22.9	31.1	20.0	16.2
加拿大	38.2	34.1	35.8	23.9	35.5	22.1	29.7	30.6	18.6	14.7
英国	4.7	4.4	5.8	6.8	4.9	4.7	9.5	8.9	7.6	12.5
奥地利	33.4	17.9	21.1	12.4	20.3	15.0	23.5	17.4	12.8	11.4
美国	50.5	44.5	36.5	27.5	34.1	21.8	31.8	37.5	12.5	11.4
澳大利亚	11.0	8.4	10.6	10.0	16.2	11.6	9.9	10.9	8.2	9.6
德国	5.0	5.0	4.7	5.0	4.2	4.2	0.8	1.0	0.8	5.8
墨西哥	0.3	2.3	0.2	1.4	1.4	1.2	1.3	0.9	1.5	1.5
俄罗斯	6.5	5.4	4.6	6.4	5.7	4.5	4.1	4.2	0.8	0.8
其他	5.4	3.1	3.1	2.8	2.3	2.8	2.0	1.6	2.3	1.5
合计	245.1	228.7	281.4	236.2	322.5	198.4	210.0	204.1	182.1	212.9

注：国际数据来源于汤森路透 GMFS，中国数据来源于"中国现代贵金属币信息分析系统"。

附表 2-6　　　　　　　　2018 年贵金属价格统计

数据分类		黄金	白银	铂	钯
伦敦贵金属价格（盎司/美元）	最高价	1 366.05	17.694	1 028.61	1 282.50
	最低价	1 160.10	13.870	754.28	832.48
	加权均价	1 270.57	15.728	866.18	1 015.49
上海黄金交易所价格（克/元）	最高价	284.90	3.843	223.95	276.60
	最低价	260.75	3.365	182.96	182.42
	加权均价	271.44	3.603	200.9	218.36

注：钯金国内价格来自于 Titco Inc.。

附表 2-7　2009~2018 年国内黄金市场主要用途及消费结构统计

年度		2009年	2010年	2011年	2012年	2013年	2014年	2015年	2016年	2017年	2018年	2018年与2017年相比的变化幅度（%）
用途及结构（吨）	合计	526.3	686.9	893.8	850.50	1 171.27	889.86	985.90	974.42	1 083.03	1 147.26	5.93
	黄金首饰	376.3	451.8	549.6	502.71	716.50	667.06	721.58	611.17	696.50	736.29	5.71
	实物金条	102.3	178.6	271.9	239.98	375.73	155.13	173.08	257.64	276.39	285.20	3.19
	工业用金	39.5	46.4	51.0	48.85	48.74	43.6	68.44	75.38	90.18	109.54	21.47
	其他	8.2	10.1	21.3	15.30	10.40	7.5	19.30	30.23	19.96	16.23	-18.69
	官方铸币	1.56	1.47	2.38	2.50	1.70	1.86	1.96	3.10	1.84	1.41	-23.24
国内官方铸币量在总量中的占比（%）		8.02	5.66	7.83	8.85	5.30	10.68	11.15	11.73	7.22	5.69	-21.20
国内官方铸币量在实物金条中的占比（%）												

注：2009~2011 年的数据来源于汤森路透 GMFS 黄金年鉴。2012~2018 年数据来源于中国黄金协会。"官方铸币数据来源于"中国现代贵金属币信息分析系统"。

附表 4-1　　70 分体系 2018 年市场交易价格差价率统计

	币种发行年度	70~69	69~68	68~67	67~66	67~无评级
环比差价率（权重计算法）	整体	1.602	1.346	1.202	1.202	1.150
	1979~1999 年	1.946	1.335	1.216	1.229	1.183
	2000~2010 年	1.536	1.521	1.213	1.119	1.082
	2011~2015 年	1.268	1.137	1.103	1.254	1.007
	2016 年	1.223	1.105	1.062	1.092	1.190
	2017 年	1.190	1.060	0.995	0.933	1.222
	2018 年	1.109	1.056	1.137	1.071	0.948
	币种发行年度	70~无评级	69~无评级	68~无评级	67~无评级	66~无评级
同比差价率（权重计算法）	整体	2.507	1.532	1.254	1.152	0.993
	1979~1999 年	3.426	1.743	1.315	1.183	1.000
	2000~2010 年	2.169	1.406	1.198	1.083	0.969
	2011~2015 年	2.356	1.249	1.086	1.027	0.987
	2016 年	1.523	1.197	1.156	1.190	1.084
	2017 年	1.434	1.191	1.167	1.222	—
	2018 年	1.266	1.089	1.055	0.948	0.742

附表6-1

2019年发行计划数据分析统计

分类			2018年实际				2019年计划				2019年计划与2018年实际相比			
			项目（个）	币种（种）	总数量（万枚）	总重量（万盎司）	项目（个）	币种（种）	总数量（万枚）	总重量（万盎司）	项目（%）	币种（%）	总数量（%）	总重量（%）
总量			15	69	898.71	669.15	12	66	1 825.76	1 465.36	-20.00	-4.35	103.15	118.99
投资币	投资金币		1	6	469.48	394.01	1	6	1 400.00	1 116.27	0.00	0.00	198.20	183.31
	投资银币		—	5	101.48	39.07	—	5	400.00	151.75	—	0.00	294.16	288.43
纪念币	投资银币		—	1	368.00	354.94	—	1	1 000.00	964.52	—	0.00	171.74	171.74
	纪念币		15	63	429.23	275.14	12	60	425.76	349.09	-20.00	-4.76	-0.81	26.88
	熊猫币	金币	—	4	0.63	3.32	—	4	3.55	10.45	—	0.00	461.62	214.50
		银币	—	2	2.82	36.24	—	2	8.00	93.24	—	0.00	183.51	157.25
	精制币	金币	—	23	42.76	9.78	—	20	24.14	13.65	—	-13.04	-43.55	39.64
		银币	—	34	383.01	225.79	—	33	388.08	231.55	—	-2.94	1.32	2.55
		铂币	—	—	—	—	—	1	2.00	0.19	—	—	—	—
	其他纪念币	特大	—	1	0.00	0.58	—	1	0.0018	5.79	—	0.00	0.00	900.00
		大	—	5	1.13	36.39	—	4	1.52	48.93	—	-20.00	34.61	34.46
		中	—	9	4.31	21.44	—	11	5.02	23.28	—	22.22	16.61	8.59
		一般	—	40	398.74	175.09	—	34	380.68	164.81	—	-15.00	-4.53	-5.87
		小	—	2	21.60	2.08	—	4	27.00	2.60	—	100.00	25.00	25.00
		文化类	4	31	370.86	172.41	5	33	372.14	196.80	25.00	6.45	0.34	14.15
		事件类	10	26	54.91	63.16	7	21	42.08	48.60	-30.00	-19.23	-23.37	-23.06

附表 7-1 国际金融机构对 2019 年黄金价格走势预判汇总

机构	预判黄金价格走势（美元/盎司）	总体研判（对价格走势进行判断的主要原因）
瑞银集团	谨慎乐观，目标 1 325 美元	黄金价格可能微弱上涨，但仍在宽幅范围内震荡。市场有较大空间允许黄金保持更大增长
汇丰银行	1 314 美元	美联储收紧货币政策可能会在今年上半年对黄金产生负面影响，但下半年美联储的政策将对黄金形成支撑。看好黄金的长期走势
摩根士丹利集团	上半年 1 200～1 250 美元，下半年 1 400 美元	2018 年以来，美元强势，但这种强势可能将在 2019 年迎来转折。随着 2019 年政策刺激效应减弱，利率上升，美元将在 2019 年达到峰值，强美元走势或迎来终结
美银美林集团	三季度之前黄金均价 1 350 美元，2018 年全年均价为 1 326 美元	股市已经释放出变化的信号，VIX 指数的上升最终将迫使美联储放慢加息步伐从而利多黄金
澳新银行	1 300 美元	金价将受到若干因素支撑，其中包括美联储暂停加息、英国脱欧以及全球经济增长放缓。但宏观环境对贵金属依然构成挑战。美元延续强势可能令投资者保持谨慎
巴克莱银行	上半年 1 400～1 450，年底跌到 1 245 低位	加息，以及 2017 年 4 季度美国的长期和短期债券收益率下滑
花旗银行	上半年 1 300 美元，下半年 1 400 美元	美国股市下跌的频率越来越快，量化宽松的逐步放松，整体宏观市场波动加剧以及地缘政治风险升高都将继续有利于逢低买盘
法国兴业银行	1 325 美元	随着美国实际收益率和美元受到限制，金价将有所突破。2019 年将会是黄金的转折点
高盛	1 250～1 350 美元之间	市场预期的美联储 12 次加息中的 10 次已经被消化，美元走强的趋势正在逆转。如果明年美国经济增长像预期的那样放缓，黄金将受益于对防御性资产的更高需求
U. S. Global Investors	1 500 美元	上半年美股可能会走低触及低位，黄金就将迎来机会，届时将快速走高，触及 1 500 美元/盎司水平
Metals Focus	1 300 美元	预计美国经济将逐渐失去动力，从而削弱美元。在经济放缓的情况下，预期股市将出现停滞，这将导致一些投资者更加关注黄金。尽管资金大规模涌入黄金的情况发生概率较低，但也足以推高金价

主要参考文献

1. 赵燕生：《中国现代贵金属币文化艺术价值问卷调查分析报告》，中国财政经济出版社，2018。

2. 赵燕生：《中国现代贵金属币市场分析报告（2017）》，中国财政经济出版社，2018。

3. 赵燕生：《中国现代贵金属币的理论与实践》，西南财经大学出版社，2016。

4. （美）曼昆：《经济学基础》第六版，北京大学出版社，2014。

5. 柴永柏、曹顺庆主编：《艺术学导论》，北京大学出版社，2013。

6. 单微：《统计学》，中国统计出版社，2012年。